韓国映画・ドラマ
わたしたちのおしゃべりの記録
2014～2020

ハン・トンヒョン＋西森路代

駒草出版

韓国映画・ドラマ
わたしたちのおしゃべりの記録
2014〜2020

西森路代＋ハン・トンヒョン

目次

●=対談　○=評論

まえがき　西森路代

ハンさんとのこうした対談を始めたのは、二〇一四年にわたしがオリコンニュースで韓国映画の特集の一部を担当したときに、ハンさんに話を聞きたいと思ったのがきっかけである。そのときは対談ではなく、わたしがインタビュアーでハンさんがインタビュイーというスタイルだった。

ふだんのわたしは、自分から何かを企画したりということは少ないのだが、その後も、なぜか一年に一回は、場所を見つけてはハンさんを誘って対談を続けてきた。今考えたら不思議なことである。今回の本も、もっといろんな人が韓国映画を語るアンソロジーのようなものになりそうだったのを、ふたりでやった方が面白いものになると思って、半ば編集の内山さんを説得してこの形になった。

今回、ハンさんと新たな対談の収録をしていて、その中でわたしが「会議には、良い会議と悪い会議があるんですよ」という話をしたことがあった。そのことにハンさんはすごく興味をもって、タイトルにもつけようとしてくれた（のだが、「会議」というよりは「おしゃべり」の方が気分だと思ったので、今のタイトルになった）。

わたしがそのときに話したことは、「悪い会議」では、何かについて論じたときに、自分と意見が違うと思ってしょげてしまったり、人と違う発言はしにくいと、自分の思ったことを言うのをやめてしまったり、意見が違うことで自分まで否定されたようになってしまうことが多いが、「良い会議」では、好き嫌いで言っているわけではないということが前提となっているので、議論がそこで終わらないということであった。

そんなの当たり前と思う人もいるのかもしれないが、わたしは、「良い会議」や「良い議論」に当たる機会は結構少ないと実感している。

ハンさんとわたしは、生い立ちとか経験してきたことも違うので、目線ひとつとっても、同じということはあまりない。そんな中、本書にはわたしが映画『チャンシルさんには福が多いね』について書いた部分があるが、ハンさんは「わたしには書けないけれど、良い文章だった」とほめてくれた。それはわたしの目線が、チャンシルと同様に、ずっとサポート的な仕事をしていて、細々したことをしっかりやったという評価はされても、自分自身のために生きているような感覚がなかったということに比重があるからこそ書けたものだと思う。

それとは別で、ハンさんの問題意識で書くものは、わたしには書けないものだと思うし、そういう目線もあるのかという新鮮な気持ちで読んだり、また議論することができた。

この本では、主に韓国の映画やドラマについて語っているから、韓国に対しても、そして日本に対しても、わたしからは言えない、見えないこともあるし、わたしには言える、見えることもあると思う。そして、また逆も然りだろう。

わたしはハンさん以外の人とも対談をしたり、対話することは多く、そういう機会はずっともっていきたいと思っているが、その人に特有の立ち位置やそこからの見え方というものは、本当に人それぞれで同じということはないと感じる。そして、そういうとき、自分の方が生きづらいとか、弱いとか、どちらがより下かとか上かという視点で話しているのでは、実りがないなと思うこともある。

本書の対談では、そういう違った視点や立場から「おしゃべり」をするということが、意義のあることになっているのではないかと思う。これからこの本を読む人も、それぞれ違った視線から楽しんでもらえたらうれしい。

それともうひとつ、この対談の中には出てこないのだが、印象深かったことがある。おしゃべりの最中、ハンさんから何気なく、「この本は、さほど社会に対して繊細ではない、ごくふつうの感覚の持ち主であった西森さんが、徐々に変わっていくのがいいんじゃないか」と言われはっとしたのだ。実はそれを言われたとき、少なくとも二〇一四年当時の自分は、それなりに繊細だったのではないかとも思っていたのだ。しかし、今、二〇一四年から続けてきたおしゃべりを読み返すと、恥ずかしくなる箇所もあるし、間違っているんじゃないかという部分も結構あった。しかし、そのときの感覚というのを、書き換えることをしないで、なるべくそのまま残し、今の感覚は補足として新たに書いてある。過去に感じていたことを無しにしてしまったり、そのときの空気を今この場所から見たものに書き換えないで、そのままにしておくことも重要なことではないかと思ったからである。少し恥ずかしいが、それが少しでも誠実な態度になればと思っている。

ある意味、この対談の最新の収録をした二〇二〇年は、韓国映画にとっても、我々が生きる社会にとっても、ひとつの区切りの一年で、今こうして本にまとめられたのは、偶然としては、よいタイミングだったと感じる。毎年のように続けてこられたのは、語りたいと思えた韓国映画が常にあったからでもある。これからも、ハンさんを誘い出して対談をしたいと思えるような作品があることを、韓国映画ファンとして願っている。

1

二〇二〇年日本公開の二作品
『パラサイト　半地下の家族』と『はちどり』

世界的に評価された韓国映画『パラサイト　半地下の家族』と『はちどり』を並べて語る

西森路代＋ハン・トンヒョン

（二〇二〇年九月二十六日駒草出版会議室、同年十一月八日 Zoom にて収録）

※語りおろし

2020 年、外国語映画として初めてアメリカのアカデミー賞作品賞を受賞した『パラサイト　半地下の家族』（2019 年、以下『パラサイト』）、そして世界各国の映画祭で 50 以上の賞を受賞した『はちどり』（2018 年）という 2 本の韓国映画が日本で公開され話題を呼び、韓国映画の実力を印象づけました。どちらも世界レベルで評価された作品ではありながら、そこに描かれた家族観、世界観は異なります。それぞれの作品の世界を、ふたりはどう見ているのでしょうか。

『パラサイト　半地下の家族』を掘り下げる

西森路代（以下西森）　まずは、近年の韓国映画として一番の話題となった『パラサイト』のことから始めたいと思います。わたしが気になったところで言うと、結末になります。『パラサイト』では、長男のギウが父親のギテクを救えるのだろうか……という終わり方になっていました。ギウに、ギテクを助けたいと思う気持ちがある限り、経済至上主義を捨てられないのではないか、という解釈をしたんです。結局お金を稼がないと、父親を助けることができないから。

ハン・トンヒョン（以下ハン）　成功してあの家を買って父親を助ける、という。

西森　はい、ギウは、どんなに無謀だとはわかっていても、父親を助けるという希望を捨てることができない、ということだったと思うんです。『パラサイト』では他にも、大洪水のあった夜、避難所で、父親のギテクと長男が会話するシーンがありますよね。ギウに「絶対に失敗しない計画は何だと思う？　無計画だ。ノープラン。なぜか？　計画を立てると必ず、人生そのとおりにいかない。だから人は無計画な方がいい。計画がなければ間違いもない。最初から計画がなければ何が起きても関係ない。人を殺そうが、国を売ろうが知ったこっちゃない。わかったか？」というセリフがあって。

ハン　がんばらなくていいんだ、ってことでしょ？

西森　はい。そこの会話では、ギテクはもうがんばることはバカらしいと言っている。つまり、成長を降りたいと言っている。

ハン　でもあれは、捨てきれないけど、結局それはできないって話ですよね。

西森　そうです。ギテクはもう計画をたてたってどうにもならないのだったら、それを捨てたいと中盤に示しながら、最後のギウのシーンで、やっぱり計画からは降りられないんだという結末になる。あの映画の示す「計画」という言葉は、「成長するためがんばる」ということだと思うんですね。で、「計画」に生真面目に参加さえすれば誰もが報われると思っていたら、そんなことはないとわかった。でも、それでも降りられないんだってことだと思うんですよ。それって、なんと空しいことよのう…みたいな終わりだと思ったんですね。

ハン　しかも、オルタナティブは示されていないと。

西森　そうですね。それ以外の選択肢が示されていない。同じ年に公開された『はちどり』（二〇一八年）になると、成長に向けてがんばってきた象徴のような聖水大橋《ソンス》の崩落に重ねて「これまでの自分たちは何だったんだろう」という風に描いているというか。

ハン　『はちどり』の方が歴史的文脈が強いかな。あと「これまでの自分たちはなんだったんだろう」というふり返りも、誰がどこからふり返るのかという視点の転換を伴なっていると思っています。舞台となっているのは一九九四年。一九八〇年代末から九〇年代半ばは、今、四〇代前後の人たちが多感な青春時代を過ごした時代だし、韓国にとって大きな変化があった象徴的な時代。『1987、ある闘いの真実』（二〇一七年、以下『1

987』）でも描かれたような一九八七年の六月民主化運動があり、一九八八年にはソウル・オリンピック、さらに東西冷戦の終結を経て、九二年には初の「文民政権」が誕生……。日本の高度経済成長期も一九六四年の東京オリンピックを前後した時期だと思うのだけど、韓国も一九六〇年代後半から軍事政権による開発独裁のもとでなりふり構わぬ経済成長を遂げてきて、聖水大橋の崩落は、それまで蓄積されてきたひずみが一気に噴出したかのような象徴的な出来事で。翌年の一九九五年には三豊《サンプン》デパートの崩壊事故も起きています。『はちどり』は、こうした時代を少女の目線で描くことで、変化する社会のひずみの中で見過ごされてきたものに目を向けようという映画かと。

西森　時代設定は違っても、経済至上主義に対して今、どういう思いを込めて描いたかということは映画には表れてくると考えると、わかってはいるけれど降りられないと描くことと、わかったからここからどうしていこうか、みたいな違いはあるのではないかと思って。それが希望が描かれているかどうかだとも思いました。

ハン　でもさ、降りられないだけじゃなくてその矛盾に気づいていたように見えた『パラサイト』の長女のギジョンは死んでしまうわけで、ある意味もっとむごいよね。そう考えると、『パラサイト』のギジョンは『はちどり』のヨンジ先生に近い存在であるかもしれなくて。能力があって、よく見えている人が死んでしまうっていうのは……。『はちどり』のキム・ボラ監督はわたしがパンフレット用に行ったインタビューで、ヨンジが死んでしまうのは、ヨンジのように敏感で世の中と向き合い、思索する人間、個人の苦悩に埋没するのではなくそこから社会の苦痛を感じ取り、自らの役割について問い続けるような人間が生きられない時代だったということを暗示していると話していました。ポン・ジュノ監督がその辺、どこまで考えているかどうかはわからないんだけど。舞台も今の時代だしね。

で、『パラサイト』があそこまでヒットした理由は、「そこまで考えているに違いない」と思わせる仕掛けのずるさみたいなところにあるんじゃないかとも思っているんです。それが意図的なものかどうかもわからないけれど。で、映画って作ってしまえば、作り手の意図から離れていくから、どんな解釈があってもいいのですが、やっぱり何か新たな道を見つけようとしている若い女性＝長女は死んで、逆にこれまでのやり方しかできない男、つまり父親や長男は、結果的には生き延びているっていう……。

西森　確かにそうですね。

ハン　でも、父親は絶対救われないでしょうし。だからといって父親にも長男にも同情的な気持ちにはならなかったですね。

西森　救われないということは、しっかり描かれていたと思います。だから、わたしも生き抜いた長男に対しても、生きているから同情するというのでは全然なく、重荷からは絶対に逃れられない悲劇というか、滑稽さみたいなものまで描かれていると感じました。たぶん、生きているからこそ苦しい、みたいなテーマって、香港映画の『インファナル・アフェア』（二〇〇二年）とかの記憶があるから思うことかもしれないんですけど。あの映画は、『無間道』という原題で、生きて苦しみ続けることこそ、人間にとってはつらいことなんだっていう話だったので。まあ、滑稽とか言って突き放してる場合か、みたいなこともわかりますし。まとわりついて離れないのがあの岩＝家父長制なんだと思うし。長女のギジョンが死んでしまうことについては、確実に社会的な構図というか、現代社会に照らし合わせているんだろうな、とも思いました。とするとポン・ジュノは、家父長制は重荷であるけれど、やっぱり捨てることはできない、現時点では変われないというところで終わっているんですよね。

ハン　それはわかります。罪を憎んで人を憎まずという感じにはなっていますよね。あの人たちは翻弄された犠牲者であって、構造が悪いのだというう。金持ちの方も別に悪くないというか、悪人ではない。

西森　『パラサイト』は、世の中が降りたら終わりだから、降りられないことを最後に見せてるんだなって思ったんです。

ハン　韓国は確かに降りたら死ぬって感じだからなぁ……。でも、韓国人はそんなことわかっているんじゃないかな。だからわたしは、もう一歩、あるいはその先がないと……？

西森　あり得ないことを希望のために「おとぎ話」みたいに提示されるのがしんどいっていうのは……？　たとえば『シン・ゴジラ』（二〇一六年）なんかには、日本にもこんな風であってほしいなあ、みたいな気持ちで見られたところもあったんだけど、それは震災から五年経った二〇一六年だからだったわけで、今になるとやっぱりちょっと見方が変わってきてて。

ハン　それは余裕があるから思えることのような気もする。余裕があるからこそ、ある人にとっては、『パラサイト』の中の家族の仲の良さが救いになったのかもしれない。わたしは自分の家族観的にあんなのあり得ないって思うけど。あれはファンタジーとしての家族ですよね？　ほんとにあんなに和気あいあいなわけないので。

西森　一応、「金持ちなのに、じゃなくて、金持ちだから、だよ。わかってんの？　はっきり言って、この家の金がすべてわたしのものだったら、わたしはもっとやさしいよ」って余裕があるから優しくなれるという趣旨のセリフも入っていましたけど。

ハン　それでも基本的にあの家族は助け合っていて。でも、唯一の救いが家族だというのはどうなんだ？ってことを、自分でも書いたし（P．一六六）、朝日新聞のインタビューでも話しました。

西森　そうですよね。最後の砦のように描かれた家族が砦ではない人はたくさんいるわけで。

ハン　あと、いまさら家族なんかに回帰できないでしょう？　だからその意味では、『万引き家族』（二〇一八年）の方が「新しい」と思いました。

西森　確かに。そこで家族にこそ頼り合いましょうってなると、「自助、共助、公助」とか言いつつも、自助に任せきろうとしている現政権みたいになってしまいますし。

ハン　極端な話、豊かじゃない家から成功者が出たら、たとえばアイドルでもちょっと売れたら、家族や親戚が助けを求めてくるようなところあるからなぁ、韓国は……。

西森　わたしには見えている範囲が違うんだな、って気はしました。降りたら終わり、っていうのが、いまさら示さなくてもいい話なんだとは思っていませんでした。

ハン　日本社会の方が、降りてもまだ生きていける余地があるように思います。やっぱり日本の方が、福祉国家としての歴史も長く、社会保障とかが韓国よりも行き届いているところがある。今後はわからないけれど、でもやはり蓄積されたものはあって。韓国は自殺も多いですし、まあ最近は日本も多いけれど。でも本当に降りたら終わりだから、がんばり続けるしかないというか。

だって、『マイ・ディア・ミスター〜私のおじさん』(tvN　二〇一八年)でIUが演じているジウンの貧困の描写なんて、すごいじゃないですか？　日本だったら昭和の話かって感じだけど、でもふつうにあのくらいの人っていっぱいいると思います。まぁ、日本にもいると思うけれど。

西森　そうですね。最近の日本についても、教育とかを見ても明らかに未来への投資を怠ってますし、コロナでもいろいろ見えましたし、貧困も、見たくない人には見えていないだけということもデータでは示されているので、あんまり大丈夫とは思わない方がいいというか、これからが大変なんじゃないかなとは思います。

一生懸命生きない世界

西森　一方で、昨今日本で紹介される韓国のエッセイ本などを見ても、「もう無理をしないで生きよう」というようなテーマのものが増えていますよね？　たとえば『あやうく一生懸命生きるところだった』(ハ・ワン著　二〇二〇年　ダイヤモンド社)とかにしてもそうですし。そのこととつながりがどこまであるのかはわからないのですが、

『はちどり』も、最近のエッセイもポン・ジュノが描いているような、「絶対に降りられない」という感覚ではないということで、かつての世代とは違うものが生まれてきているんだなと感じています。

ハン　はい、その空気は何となくわかります。社会のことを見てはいるけど、大事なのは社会より個人だ、というか。社会の犠牲にはならないぞ、というか。

西森　翻弄されないぞというか、そんなに社会全体のために、経済至上主義に対して生真面目にならなくてもいいし、なんかしてやるかっていう。

ハン　翻弄されないし、社会のためにはがんばらないというか。この辺はもしかすると男性の方があるんじゃないかな。男性の方が翻弄されてきたから。特に『パラサイト』の描き方では。

西森　そうですね。『はちどり』のウニにしても、ウニの漢文塾の先生であるヨンジにしても、サボるし、ツッパリブームのときの言い方で言うとフケる。サボタージュという言葉の本来の意味を思い出すような。それが、翻弄されないための手段だなって思いました。もしかしたら、母親が心ここにあらずな感じなのも、そういうことがほんの少しは入っているのかなとも。

ハン　父親や長男の方が、そういう意味ではわかりやすく構造の犠牲者でもある感じか。

西森　あのふたりはサボれない感じありましたね。出口がないような感じがあります。結局、ウニの彼氏も、母親（家）の言うことをおとなしく聞くし。

ハン　軍事政権の時代、開発独裁のもとでの国家的な暴力と家庭内での暴力が家父長制のもとでつながっていて、その受益者かつ犠牲者でもあったのが男性というか。女性たちは、そこから疎外されていたからこそサボれたとも言えると思います。だから今、当時をふり返るにしても、経済成長にしても民主化運動にしても、男性ががんばったということばかりが言われている。でも実際は女性たちもそこにいたし、また女性たちの目から見たら違った物語が見えてくる、というのがキム・ボラ監督の問題意識でしょう。話を戻すと、でもだからこそ男性たち、『はちどり』と『パラサイト』の父親と長男は、結果として同じような描かれ方になっているとも言えなくもないですね。

西森　そうですね。家父長制や男性であるという呪縛に対しての、オルタナティブな道が示されていなかったですね。そう考えると『パラサイト』には、オルタナティブな道が女性にも、もっと言えば、全員に対してなかったということになりますね。

ハン　わたしが『パラサイト』に批判的になってしまうのは、そうせざるを得なかったとしてもがんばっている男性がそれによって女性たちを抑圧しているはずなのに、仲良し家族にすることでそこが見えなくなってしまっていること。そこがやっぱり腑に落ちなくて。家族をファンタジーにしちゃうっていうのが、どうしても欺瞞的な気がして。それも「あえて」なんだとかいろいろ言われていると思うけど、あえてだろうが何だろうが、わたしは腑に落ちないぞ、という感じです。

西森　『パラサイト』は、個々の出口が見えないことに対しては一切のファンタジーがないのに、家族に対してはファンタジーがあると。

ハン　で、『はちどり』の家族は、別に仲が悪いというわけでもないんです。家族って、このくらいがふつうだと思うんです。

西森　一緒に家業である餅屋の作業をしたりもしていますし、淡々と描かれてますよね。

ハン　一九八〇年代あたりの、日本映画やドラマに出てくる家族を思い出させるような感じもある。森田芳光の『家族ゲーム』（一九八三年）とか？　韓国映画やドラマの中の家族って、すごく破綻しているか、すごく仲がよいかという描かれ方が多い気がするのですが、『はちどり』は暴力やディスコミュニケーションはあるけどむしろごくふつうのリアリティのある家族で、なんかその家族ファンタジーがない感じがとても好ましい。少女ファンタジーもなければ、家族ファンタジーもなく、お母さんもあんな感じだけど、最後にウニにチヂミとか作ってくれますし。心の通い合いはちゃんとあるわけです。親ってああいうものでしょうというところもわたしはすごく好きです。

西森　そこは、ちょっと『82年生まれ、キム・ジヨン』（二〇一九年、以下『キム・ジヨン』）のお母さんにも、そういう、ぐっとくるシーンはありましたね。

ハン　韓国では近年と言っていいかどうかわかりませんが、過去をふり返る映画やドラマが多いですよね。ある程度先進国になったという自負が生まれる中で、これまでの道のりをふり返る余裕が生まれたというか。映画『サニー　永遠の仲間たち』（二〇一一年）やドラマの『応答せよ』シリーズ（tvN　二〇一二〜二〇一五年）とかもそういう流れからきていると思います。『国際市場で逢いましょう』（二〇一四年）も。

西森　日本でいうと『ALWAYS　三丁目の夕陽』

（二〇〇五年）に近い感じはありましたね。過去をノスタルジックに肯定する作品ですよね。

ハン　そうですね。若い人は知らないだろうけど、今の成長した韓国ができるまでにはこうやってがんばってきた、つらい時期もあった……という。

西森　おじいさんたちの世代はあんなにがんばってくれたんだという。

ハン　はい。当時の政権のスタンスに親和的な作品だったと思います。でもこの時期の民主化に逆行するような状況への危機感から、ふり返りと言っても一九八〇年の光州事件を扱った『タクシー運転手　約束は海を越えて』（二〇一七年、以下『タクシー運転手』）や一九八七年の六月民主化闘争を扱った『１９８７』のような、かつての軍事独裁政権との闘いに光を当てる一連の作品が登場しました。それと前後するように二〇一六年から二〇一七年にかけて、朴槿恵《パク・クネ》大統領のスキャンダルに端を発したろうそく革命によって現在の文在寅《ムン・ジェイン》政権が生まれることになります。一九九四年が舞台なので時代はもう少しあとになるものの、『はちどり』をこうした流れに位置づけることもできると思うのですが、決定的に違うのは、「そのとき、女性ってどうなってたの？」とか、「わたしはこのとき、ひとりの少女としてつらかったぞ」という視点があることだと思います。それはキム・ボラ監督がフェミニズムの視点でそういうふり返り方をしているからなんですが。『キム・ジヨン』もそうですよね。読んでいないので何とも言えませんが、「がんばって生きない」エッセイ・ブームも、そういう意味では視点を変えたふり返り、「あれは何だったんだ」という自省的なふり返りだったりするのかな？　ただその背景には、韓国が日本から見ると考えられないくらいの競争社会だという事情もあると思います。

西森　そうですね、「がんばらないでいい」というムーブメントを韓国のコンテンツから受け止めるのは初めてでしたし。

ハン　もう、競争社会に疲れたというか、無理というか、そんな感じなんじゃないかな。苦しいとはいえ、ある程度の余裕が生まれてきた中で、やっと疲れたと言えるようになったというか。

西森　今の韓国エッセイって、日本で翻訳されるときには、誰か韓国のアイドルが読んだってことが情報として入ってくるわけですけど、「がんばらなくていい」ということを書いたエッセイを、めちゃくちゃがんばってきたアイドルとかが読んでるのはどういうことなんだろうと思っていて。「あの一生懸命に生きてきたユノ（東方神起）が『あやうく一生懸命生きるところだった』を読むんだ？」と思っていたら、「自分とは真逆の価値観だから読んでみた」ということだったらしくて。だからこの本の韓国での発売当時は、男性や競争社会でがんばってきたアイドルからしたら、「がんばらないってどういうことだろう？」みたいな思いはあっても、「がんばることから降りてもいいんだ」って共感する視点ではまだなかったんだなと。

他にも、日本では今、たくさんの韓国の本が翻訳されてますよね。『キム・ジヨン』は、日本ではおよそ二〇万部売れたそうですね。一方、『私は私のままで生きることにした』（キム・スヒョン著　二〇一九年　ワニブックス）は、自己啓発的というか、「あなたはあなたのままでいいんだよ」という感じの内容なんですが、日本では『キム・ジヨン』よりも売れているんです。韓国の人が新たに気づき、得ようとしている「がんばらなくてもいいんじゃないか」という概念は、日本人は以前からずっともっているから、受け入れやすかったのではないかなと見ているんですが。まあ、それは、日本に余裕があったからかもしれないけれど、今は「そんなこと言うてる場合じゃないだろう！」という気持ちもありますが。

ポン・ジュノとパク・チャヌクの「隙のなさ」

西森　もうちょっと『パラサイト』の話を続けます。わたしは、CINRAで「『パラサイト』に見る、格差社会への失望と「諦めの悪さ」」（二〇二〇年一月一〇日　CINRA.NET）という記事を書いていて、自分で読み返したら、最後にギテクがそれでも「降りられない」ということを、わりと肯定してたんだなということに気づいて。たぶん、日本の社会で言うと、これからが大変なわけじゃないですか。そういうときに、日本社会においては、「降りる」よりも「あがく」方が、生きていけるのではないかということだと思ったんです。とはいえ、およそ一年経ち、今の韓国では、むしろ「降りる」ことも可能なのではないかとも思えるし、日本では、どんどん「降りられない」世の中になっているなという気持ちになっています。でも、そういう結末をもってくるポン・ジュノ自体がそんなに冷たい人っていう風にも思わないんです。

ハン　冷たいというか、やっぱり何かネタ的に扱っているような印象をもってしまうんですよね。

「商品」を作っているように感じるというか。だからといってエモーショナルならいい、ということではまったくないですけど。

西森　自分とは切り離して見ている感じがするという人は多いですね。個人の中から沸き上がった感情、みたいなものは確かに見えにくいとは思います。

ハン　「冷たさ」、よく言えば「冷静さ」みたいなのが、あの映画の本質のような感じがするんですよ。ものすごくよくできているし、よく考えられているし、誰からも批判されないようにできているというか。「ここはあれじゃない?」と思ったら、「いや、ここはこういう意図があるに違いない」っていう風になる感じ。

西森　隙がないということですよね。

ハン　そうですね。そして隙がないっていうのがいいことなのかって言うと、今回の場合はわたしが好きか嫌いかって言ったら、正直あんまり好きじゃないかも……。よくできているのかもしれないけど、正直、あまり何も感じなかったんです。

西森　そこに関して言うと、わたしはちょっと違う思いがあります。意図もなく隙だらけの日本のコンテンツに不満があって、「一回本気で隙のないものを作ってよ」と思っているんです。でもだんだんそういうコンテンツも出てきて。たとえば野木（亜紀子）さんってポン・ジュノくらい隙がないんです。かといって、突き放しているわけでもなく、ちゃんと自身の感情から生まれたシーンがあって、ただ、『逃げるは恥だが役に立つ』（TBS　二〇一六年）の三年後を描いた『逃げるは恥だが役に立つ　ガンバレ人類！新春スペシャル!!』（二〇二一年一月二日放送）ではポン・ジュノと同じように隙のなさというか、詰め込んだことで賛否両論だったということはありました。

ハン　そう考えると、たとえば、わたしがパク・チャヌクを好きなのは隙がないからなんです。だから、好きな隙のなさと嫌いな隙のなさがあって。『パラサイト』を観たときに思ったのは、「パク・チャヌクじゃないんだから……！」ということ（笑）。目指してる洗練の方向が違うんじゃない？と。もちろん、これは個人的な思いですけれど。何か、かわいげがなさ過ぎて……ひと言で言うとつまらなく感じちゃったんですよ。

西森　（笑）。とは言え、昔のポン・ジュノの作品には隙がありましたよね。『吠える犬は噛まない』（二〇〇〇年）とか見返したら、すごく飄々とした空気が漂っていて。今のような隙のない方向性に行くとは思えない感じでしたね。あ、でも、『パラサイト』も家族のところは飄々としてたかもしれません。あの笑いに対しては確かに好き嫌い分かれますね。

ハン　『パラサイト』をつまんないって言っていいのかなぁ。アカデミー作品賞まで取っちゃったからこそ、もう大丈夫ですね（笑）。でも、なぜこんなに洗練されちゃったの？　それはパク・チャヌクがやることでしょ、って思ったんですよ。

西森　パク・チャヌクって、洗練はされているけど、もっと愛憎とか、ぐちゃぐちゃしてますよね。

ハン　そこに、好みはあると思います。あと、隙がなさ過ぎて苦手だという人もいます。

西森　でも、パク・チャヌクってちゃんとエモいじゃないですか？

ハン　うん、わたしはそう思っています。

西森　男性なのにって言うとあれだけれど、社会的にそういう風に自身の感情で作品を作るのが難しい感じの抑圧を受けてきたであろう男性なのにって意味で、自分自身の性を見つめるような視線をもってるというか。そこを考えると、ポン・ジュノはそういうところは苦手な人だっていうのはわかります。自分の中身を見られるのはいやだ、と思ってそうなところがあるというか。

ハン　ああ、若干、マッチョかつオタク気質の人なんだろうなと思うんですよ。

西森　そうですね。自分のことを作品に描き込めないで説明過多になりがちな感じはあるというか。その点パク・チャヌクは、自分の中の一部をちゃんと出してる感じがあります。

ハン　それが自分の中の一部なのかはわからないけど。

西森　ポン・ジュノに比べたら、確実に何かがちょっと出てると思います。

ハン　なるほど、そうですね。もっと自己相対化みたいなものがわかりやすいのかもしれません。動機が自分の中から出てる感じがするというか。

西森　ポン・ジュノはそう見られることがすごく嫌だし、そうできない感じがあるから。だからどうしても突き放すようになってしまうんじゃないかとは思います。以前、『WIRED』のインタビュー（「ぼくは網を抜ける魚になりたい：ポン・ジュノが語る『パラサイト 半地下の家族』の深奥」WIRED.jp 二〇二〇年一月一八日）で「自分の心の中には、象徴や隠喩を拒否したい、という気持ちがあるんです。評論家や映画を観ている人たちは、やはり解釈をしようとしますよね。その解釈の網を抜けていく魚になりたい、そういう衝動があるんですよ」とは言っていたけれど、隠喩を込めたくないのに、込めずにはいられないというか。まあ、この言葉にポン・ジュノの素が見えた感じもしてよかったですけどね。

ハン　たぶんあの人は基本的にオタク気質だから……。で、わたしはオタク的なものが苦手だから（笑）。岩がどうとか、そういう思わせぶりなのがあまり好きじゃないんですよ。

西森　（笑）。込めたくなくても込められてしまうんですよ、きっと。表現として多弁と言うか、脳内がおしゃべりと言うか。わたしはオタク気質が理解できるので、ポン・ジュノの場合は、計算して多弁なのではなく、天然で多弁になってるんだなと思っています。すごく擁護してしまいますが（笑）。

（構成：西森路代）

②

二〇一〇年代の韓国映画（対談・評論）

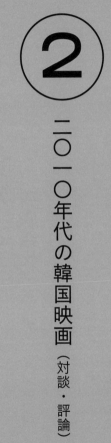

ポリティカル・コレクトネス

社会学的視点で語る韓国映画の世界——雑多な要素、強靭な土台、社会問題のエンタメ化など

西森路代＋ハン・トンヒョン

（ORICON NEWS　二〇一四年七月二三日）

本書の著者ふたりの初めての対談企画。2014年に公開された作品の話を糸口に、2010年代前半の韓国映画の話も含めながら、韓国映画に顕著な特色やそれを生み出す背景について、探ってゆきます。さまざまなジャンルを取り入れ、エンターテインメント性を追求しながらも、政治や社会への鋭い視線を感じられるアクション映画をたくさん生み出す韓国映画界や韓国社会について、また日本との違いなどについても触れています。

いろいろなものを取り入れて、その上に載せる

西森　コン・ユ主演の『サスペクト 哀しき容疑者』（二〇一三年、以下『サスペクト』）の試写を観たあとにこの対談取材をしているわけですが、この映画も含めて、現時点で、韓国では映画と現実がつながっているような作品が多いように思うんです。

ハン　こう言っては身もフタもないかもしれませんが、やっぱり現実の中に素材やテーマがたくさんあるからじゃないでしょうか。と言うのも、韓国はまださまざまな現実がダイナミックに動いている社会であり、同時にそれが人々に自覚されていると思うんです。『サスペクト』の中で描かれたことも、すべて事実なんですよね。脱北者、人身売買、政治やジャーナリズムの腐敗とそれに対する反発、つまり権力に対する反骨心のようなもの……。物語自体はフィクションだけど、中身を構成するディテールはすべてリアルなもの。

西森　ハ・ジョンウが主演で、アナウンサーが一本の電話をきっかけにテロを中継することになる『テロ, ライブ』（二〇一三年）もやっぱり、マスコミの腐敗と、政治への不信が描かれていました。

ハン　『シュリ』（一九九九年）や『ＪＳＡ』（二〇〇〇年）を皮切りに、二〇〇〇年頃から、南北分断やスパイ、戦争などを描いたブロックバスター大作が作られるようになり、しばらくその流れが続きましたが、今は、そういう大きなテーマを踏まえたうえできちんと個人の物語を描く映画も増えたと思います。たとえばベースになっている背景として南北分断の問題があるのは変わらな

くても、中身は「男の友情」なんかがよりきっちり、しっかりと描かれていて、韓国以外の人が観ても、つまり背景がわからなくてもより理解しやすいのではないかなと。

西森　韓国映画を観ていると、社会問題にしても、脚本の作り方にしても、いろんなことを取り入れて、その上にさらに載せることが得意だなと思います。

ハン　もしかするとその辺は、一見まったく違うように見えるホン・サンス監督も一緒かもしれません。以前、菊地成孔さんとホン・サンス監督の『3人のアンヌ』(二〇一二年)公開記念トークショーに出たときに話題に話していたことなんですが、ホン・サンス監督って「韓国のエリック・ロメール」って言われていたり、他にもゴダールとか、ルイス・ブニュエルとか、そのあたりの要素がわりとそのまま入っているんですよ。それを菊地さんは「(ロメール、ゴダール、ブニュエルの)三種盛り」と言っていて。

でも、実際に舞台になっているのは韓国の土着的な風景、風土で、焼酎ばっかり飲んでいる(笑)。パリが舞台の作品もありますが、ソウルだかパリだかよくわからない。ヨーロッパの映画からいろんな部分、それも映画の構造そのものにかかわるテクニカルな要素を取り入れているのですが、そのある種の難解さを感じさせず、「韓国のもの」になっているのがすごい。そうしてふつうの韓国人の話になっているからこそ、普遍性をもってしまうというか。ホン・サンス監督も韓国の他の映画監督も、ジャンルは違いますが作品を構築していく方法論は似通っているような気がします。

揺らがない、にじみ出てしまう強度のある土台

西森　K-POPも一緒ですよね。欧米で流行っている音楽を、スピード感をもってそのまま取り込んで、それから何か韓国的なものを載っける。菊地さんともよくお仕事されている評論家の大谷能生さんも、日本は欧米の音楽を噛み砕いて日本独自のものにしてから外に出すから時間がかかるけれど、韓国の場合は欧米のものをとりあえずすぐに取り入れてみるという違いがあると言われていました。

ハン　載っけるというか、載っかってしまうというか。そして土台に揺らがない、にじみ出てしまう強度があるというか。『新しき世界』（二〇一三年）もそうですよね。

西森　そうですね。わたしは香港ノワールとか、潜入捜査官ものが大好きでよく観ているのですが、『新しき世界』は、このジャンルものをかなり細かく研究していて、そこを全部取り入れたあとに、新しい要素をプラスアルファしていると思いました。

ハン　『サスペクト』のカーチェイスもそうでしたね。アイデア満載で、よく勉強しているなと。しかも舞台になっているのはソウルの低所得層が暮らしているエリアで、いい意味で驚きました。純粋にカーチェイスそのものに感動して涙が出たのは初めてです。

西森　それはリュ・スンワン監督の『ベルリンファイル』（二〇一三年）のアクションシーンにも感じました。ジャッキー・チェンがやっていたようなアクション描写があって、それで終わるの

かと思ったら、しつこくもう一段階加えている感じがあって。

ハン　ただ、それができるのは、土台と技術があることに加えて、「料理してやるぞ」という気概みたいなものがあるからという気もするんですよ。力技とも言えますが（笑）。

西森　その「料理してやるぞ」という気概にも関係あると思うんですが、韓国映画を観ていると、安心できる結末というよりは、予想を裏切る展開が多い気がするんです。

ハン　そこも、土台に関係があるように思います。観ている人の予想を裏切る脚本になっているということは、人々がこれまで観てきた物語のパターンを把握しておかないといけない。だから、ものすごく前例にあたっていないとできないことではないかと。あと、「映画が観られているものである」という前提かな。そしてさっきから出ているように、その上にこれまでにないものを載せるから予想を裏切ることになるのだと思います。観客のリテラシーへの信頼あってこそだと思いますが、逆にそこまでやっているからこそ、リテラシーのない観客でも楽しめるものになっているのかもしれません。

韓国の若者世代は、繊細で優しい映画を好む傾向も

西森　韓国映画って、観客動員数がここ数年はすごく多くなっていますよね。年間で一，〇〇〇万人を動員する映画が何本も出たりしていて。以前は落ち込んでいた時期もあったと思うんですが。

ハン　さっきも言いましたが、おおまかな傾向として、二〇〇〇年頃の『シュリ』『JSA』からしばらくは、ブロックバスター的な大作指向がありました。それとは別に、キム・ギドク監督やホン・サンス監督が撮るようなインディーズの小規模な作品はあったけど、中間が少なかったという印象はありますね。

西森　それを考えると、今、五〇〇万人ヒットの中くらいの作品が出て来たからこそ、韓国映画界が活気を戻したという気もしますね。『新しき世界』が四七〇万人、『悪いやつら』（二〇一二年）が四七〇万人、『監視者たち』（二〇一三年）が五〇〇万人、『サスペクト』が四〇〇万人、『テロ,ライブ』が五五〇万人です。中には、大作っぽい作りのものもありますが。

ハン　それと、わたしは映画を教えているわけではないのですが、日本映画大学で教員をしていて、本学では昨年度から韓国芸術綜合学校の映像院（映画学部）と合作で映画を撮るプロジェクトを始めました。この過程で、やっぱり韓国では映画産業にお金がかけられているというのは実感しますね。韓国芸術綜合学校は、日本で言えば東京藝大でしょうか。政府の文化体育観光部直轄で、映像院からは最近でいうと、『チェイサー』（二〇〇八年）や『哀しき獣』（二〇一〇年）を手がけたナ・ホンジン監督を輩出しています。映画学部の学部長は『チルスとマンス』（一九八七年）などで知られるパク・クァンス監督で、合作の撮影中などによく話をしましたが、やっぱり資金があるし、映画の規模もデカいですね。映画監督の社会的地位も高いように見えます。

西森　監督の社会的地位の高さについては、以前、インタビューした『怪しい彼女』(二〇一四年)のファン・ドンヒョク監督も言われていました。韓国って、たたき上げの監督ってキム・ギドク監督くらいしかいないイメージですよね。

ハン　韓国の監督は、大学で専門的に学んだ人が多いですからね。今後、キム・ギドク監督以外にももっとインディペンデントな人が出て来たらまた面白いのだろうとも思いますけど。

西森　ハンさんの大学でも、韓国からの留学生もいるんですよね。留学生の人たちは、日本映画について、どんな風に思っているんでしょうか?

ハン　それが面白くて、日本に映画の勉強に来るような学生は、韓国のブロックバスター作品が嫌いって言うんですよ。逆に、日本的な、繊細な心の動きを描いたような映画が好きと。岩井俊二監督が好きだという学生や受験生も多いですね。

西森　村上春樹氏の本を読んでいる人も多いって言いますもんね。実際、韓国の俳優も、大学で演劇を選考しているような人は、「日本の映画は、何でもないようなことを繊細に描くのがうまい」って言いますね。

ハン　だから、うちに来ているような韓国の若い人たちは、繊細で雰囲気のある優しい映画を作りたいって言いますね。そういう意識も広がってきているのではないかと思います。何も起こらず心の機微が描かれた作品が、より洗練されてかつ先端であるという。

西森　そういう作品は日本的だと思われているわけですよね。最近は、韓国でもそういう何でもない日常の世界を描いた韓国映画もありますが、現時点では、まだ少ないジャンルですよね。

ハン　お互いにないものねだりなんですかね。

社会問題のエンタメ化に加わった、個人的な物語の要素

西森 それ以外でも、韓国の若者に変化があるようにも見えるのですが。たとえば、K-POPアイドルは、少し前までは、野獣系なんてキャッチコピーのグループもいたんですが、最近ではどんどん韓国のK-POPの男性メンバーの線が細くなっていたりとか……。でも、韓国では、映画の中に「非モテ」表現というか、自意識みたいなもの、たとえば学校でのスクールカーストなんかを描くものはまだ見つからないですよね。アメリカや日本ではあるし、台湾でもそういうものは出て来ています。

ハン 圧縮近代という言葉があるのですが、韓国社会の変化って日本に比べるとより圧縮されているので、もしかすると、社会の問題を「自意識」の問題にするような「余裕」がなかったのではないかと思うんです。たとえば、戦後に国が成長して近代化がある種の完成を遂げて、さらに停滞局面に入っていくとき、日本ではその間の時間が結構長かったからこそ、豊かで余裕があった時代に、停滞期の問題を貧困や労働といった生活に直結した深刻な経済的な問題として捉えるよりも、個人主義的な自意識の問題として捉えるような枠組みのようなものができてしまった。よくも悪くも、です。

でも韓国の場合は、近代化してから停滞期までの時間が相対的に短かったから、自意識の問題として捉える枠組みができる間もなく、貧困や労働問題がリアルなものとして過去と直結した、継続した問題として捉えられているのではないかとも

思えるんですよ。見た目的には、たとえば男の子たちの線も細くなってきているし、日本人と変わらなくても。

西森　そう考えると、ある時期までのアメリカや日本は自分の不遇さを貧困とかではなく、人にどう見られるかで判断している感じですね。そういう自意識が重要な観点でない韓国映画では、たとえば『テロ，ライブ』なんかでも、犯罪者の動機は、貧困や労働、政治腐敗に対するものとして描かれていました。

ハン　やっぱり映画は社会、そしてそれを捉える人々の意識の反映ですから。逆に日本で「自意識」がエンターテインメント化されることは、日本の社会において「個人」や「自意識」が重要だと捉えられている、ということですよね。韓国にも「非モテ」はいるはずなのに、「それでいい」とはなりにくいのではないかと。

「非モテ」という言葉があり、それを自称するということは、それがたとえ自虐であっても、そういう自己を肯定したいという欲望の反映ですから、そのような複雑な自意識の管理が全面的に要請される社会ではないのかもしれません。その辺は、もっとシンプルというか。

西森　ある意味、自意識という意味においては多様性はないのかもしれませんね。でも、韓国では、何かひとつの大きなものが共有されているのかなと思ったりするのですが。

ハン　抽象的になるかもしれませんが、「義」とか「理」のようなものですかね。正義、大義、論理、理屈というか。『サスペクト』でも、たとえ悪人であっても、登場人物それぞれに大義や理屈がある。でも、今の日本でこういう部分をそこまで描くと嘘っぽくなってしまうところもある。とはいえ同時に、韓国ではそのような義や理の源というか、つまり、正しいのか間違っているのかを裁けるお上のような者は存在しない、というのもひとつの感覚のような気がするんですよ。

「義」や「理」は個々の中にあるというか。別の言葉で言うと、共有されている大きな「建前」は厳然として存在しているけれど、それが杓子定規に社会で通用するわけではないというのも知っている。でもだからこそ「建前」が重要。「ポリティカル・コレクトネス」と言い換えてもいいかもしれません。

西森　そうですね。『テロ，ライブ』でも、マスコミが信じられない、国も信じられないということがストレートに描かれていました。そういう意味で、同作はセウォル号の一件をすごく思い出す映画です。

ハン　セウォル号の事故は、韓国社会全体が社会のあり方そのものを問い直す大きなきっかけになっているように思います。ある意味、ポン・ジュノ監督もずっと同じテーマで、韓国にとっての近代化という物語、言ってしまえば経済発展や政治システムや社会の変化、またアメリカという存在を問い直す視点で映画を作っています。年代的にポン・ジュノ監督は終わりの方ですが、「三八六世代」と言って、学生運動、民主化運動に一番熱心だった世代なんです。

同じ世代が今、映画制作やマスコミの現場のトップに立っていて、メディアが社会を変えられると信じている人は少なくない。同時に彼らは、エンターテインメントの力を誰よりも知っているし、勉強もしていて実力もある。さらに近年、映画界で台頭しているのはさらにその下の世代です。

西森　それはどういうことですか?

ハン　『シュリ』『JSA』あたりから、南北分断や厳しい国際情勢、政治的な問題を娯楽化することに長けてきた韓国映画ですが、そのような流れに加え、最近ではさらに、内外の過去の作品から貪欲に学びながら個人的な物語もきちんと盛り込み、そこに落とし込むことで、ある種の「ポリティカル・コレクトネスのエンターテインメント化」をより洗練させることができたのではないでしょうか。当初の、どこか肩に力の入った感じから少し離れて距離を取れるようになった、使いこなせるようになった、ということかもしれません。

とはいえ完全に離れたわけではなく、離れられない。だとすると、内外からとにかく学ぶことで、ジャンルやテーマを広げながら個人的な物語の方向に向かいつつも閉じなかったこと、先ほどの「圧縮」の話とも絡みますが過去から切れなかったこと。このふたつが、カギになっているのかもしれないですね。

（文：西森路代）

追記

ハンさんとの初めての対談ということで、お互いの距離がまだありますね。当時はわたしがハンさんにインタビューしにいくという形でやっていたことも関係あるかもしれません。とはいえ、今では当たり前になったポリティカル・コレクトネスの話も、当時はしている人がほとんどいませんでした。また、当時の韓国の映画人が「日本的なもの」だと思っていた「何も起こらない繊細な物語」は、現時点では『はちどり』などを考えても、見られるようになっているなと実感しました。（西森）

「K-POPの男性メンバーの線が細くなっていたり」というのは、2012年にデビューしたEXOが念頭にありました。特に、デビュー前に発表されたイメージティーザーはまるでわたしの中高生時代の日本の少女漫画のようで印象的でした。最近、EXOの後輩にあたるNCTにハマり、久々に若いグループの動向をウォッチしているのですが、この対談から5年余りを経て、今や世界の大スター、BTSの主にアメリカでの受容が象徴しているように、K-POPアイドルが提示する「男性イメージの変化」は、本書の第3章で話しているような「変化」と重なっているように思います。またわたしはこの対談でキム・ギドク監督の名前をあげていますが、彼の作品に出演予定だった俳優が2017年、撮影現場での暴力と台本になかったベッドシーンの強要があったことを告白し、2018年には#MeToo運動で多くの俳優やスタッフが彼の性暴力やハラスメントについて証言しました。その一部の詳細は韓国の報道番組『PD手帳』を通じて放送されましたが、衝撃的な内容で、わたしはそれ以来、好きだった数本のキム・ギドク作品を、以前のように見ることができなくなりました。韓国映画界に居場所をなくした彼は2020年12月、コロナウイルス感染症によって滞在先のラトビアで急逝しました。日本では追悼する声もありましたが、今も苦しんでいるであろう被害女性たちのことを思うと、やりきれない気持ちになります。ひるがえって、アイドルにしても映画にしても、エンターテインメント産業の一消費者として、また末端ながらその人材育成にかかわる立場として、つねに意識のアップデートを心がけ、構造の改善にも努めていきたいと思っています。（ハン）

#フェミニズム　#ポリティカル・コレクトネス

「アイドルを消費する」日本に、『マッドマックス』が投下したもの

西森路代＋ハン・トンヒョン

（wezzy 二〇一五年八月二九日）

2回目の対談の題材は、2015年の話題作『マッドマックス　怒りのデス・ロード』（以下『マッドマックス』）。メジャーなハリウッド映画ですが、フェミニズムの観点では語るべきことの多い作品であるため、再録します。強者と弱者、男と女など、従来の対立構造に捻りを加えたキャラクター設定とシンプルかつスリリングな展開の今作で描かれるのは「ホモソーシャル」か「シスターフッド」か？　他のハリウッド映画や韓国映画、そしてK-POPアイドルのエピソードを話題にしながら語り尽くしています。

「下から目線」の『マッドマックス』賞賛

――おふたりの『マッドマックス』の評価は、性別にかかわらない関係性という意味では共通していますが、西森さんは「男女ブロマンス」、ハンさんは「シスターフッドを男（マックス）がやっている」という点で、似て非なるものとなっています。主人公のマックスとフュリオサやワイブスの関係の捉え方とその理由を、おふたりそれぞれお聞かせ下さい。

西森　まずわたしは、フュリオサとマックスの関係性を「男女ホモソーシャル」かと思っていたんですが、それは、映画において、そういう関係性ばかり見てきたからで、それだと語法として違う話になりますよね。だから「男女ブロマンス」とか、あとは自分以外の方も言っている人もいましたが「男女やおい」なのかなと思いました。あのふたりの関係性を、男どうしの連帯に近いとみるか、女どうしの連帯に近いと思うかの違いですよね。

ハン　わたしは「ブロマンス」とか「やおい」とかはよくわからないのだけど、そもそもホモソーシャルという概念は、「男性社会」を構成し維持する男性どうしの強い連帯関係には、ミソジニー（女性嫌悪）とホモフォビア（同性愛嫌悪）が伴っている、ということを暴くためのものなんですね。つまり、ホモソーシャルの基本的な特徴としてミソジニーとホモフォビアがある。たとえば西森さんが好きな香港映画だったり、みんなが働いている会社組織だったり、一番わかりやすいのは体育会系の部活などのような「男性社会」の中の男性どうしの強い連帯関係は、単に同志的な連帯という以上に、無意識的にであってもミソジニーとホモフォビアを内包しているからこそ強く結ばれた連帯になっており、特権性を帯びている、ということを示すために提唱された概念なんです。だから、『マッドマックス』のマックスとフュリオサの関係は、そういう意味でのホモソーシャルなものにはまったく見えませんでした。

逆にシスターフッドは基本的に、女性解放という目標を共有し、それを目指す女性たちの連帯のことを指します。『マッドマックス』の中だったら、フュリオサとワイブスたちの関係になるかもしれません。彼女たちは連帯して支配者であるイモータン・ジョーに反旗を翻してはいるけれど、ホモソーシャルな関係が持つような特権性や排他性とは縁遠いものに見えました。皆あの社会では相対的には弱者ですし、やはり弱者であるマックスやウォーボーイのニュークスを受け入れていく。だから、フュリオサとマックスの関係も、男女ではあるけど性別を超えた「シスターフッド」だよな、と思ったんです。

西森　わたしの場合は、これまで香港や韓国の黒社会映画に書かれていたような、男性がミソジニーやホモフォビアに縛られている中で、信頼できる者どうしが厚い情で結ばれているという物語を、ある種、消費してたと思うんです。というのも、映画の中にミソジニーやホモフォビアありきの男社会が描かれているのは「当たり前」だと思っていたんです。むしろミシジニーやホモフォビアのない社会なんてありえないし、それを物語に描くことも不可能だと思ってたんですね。でも、マックスとフュリオサの間には、ホモソーシャルから悪い部分を取り除いたような、情の厚さや信頼関係だけを抽出したような濃密な関係性が描かれていて、それがまずうれしかったんですね。だから、それは「男女ホモソーシャル」ではなくて「男女ブロマンス」と言った方が正しいんですけど、「ブロマンス」では語り切れない濃密さが「ホモソーシャル」のミソジニーを取り除いた部分にはあると思っていたんですね。それで、わたしにとってはシスターフッドでは語れない分もあるなと思ったんです。

ハン　なるほど。ホモソーシャルな関係において西森さんが魅力を感じていた情の厚さや濃密な関係といった「良い」部分だけが、それも男性どうしではなく男性と女性との間で描かれていることの喜び、ですよね。わたしもいいとは思いましたが、男女でも恋愛なしで濃密に連帯できるって、考えてみれば当たり前のことで、それに感激するということは、そもそもの前提の設定が低いってことになるのかな。ヒロインが恋愛する存在としてだけではなく、ヒーローと連帯する対象としてきちんと描かれていることに、女性たちが激しく感動している現状を見ていると、言い方は悪いけど、みんなよっぽど人としてきちんと扱われていないというか、しんどい状況の中で生きているんだなと思ってしまって、切ない気持ちにもなります。

西森　確かに、男女の連帯があってしかるべきなのに、それが描かれているだけで「素晴らしい」って思っている感じはありますね。「下から目線」なんだと思います。

多様性の担保されたアクション映画

――そもそも、おふたりは『マッドマックス』を、フェミニズム的な視点に限らない全体的な評価として、どのように見られていますか？

西森　わたしは二〇一四年の『アナと雪の女王』で、こんなに論点が詰め込まれた映画があるのかって驚いていて、それ以上に語れる作品はなかなか出てこないんじゃないかと思っていたら、あっさり一年後にまたすごいのが出てきたので、すごくうれしく思っています。

ハン　各所で言われているように、フェミニズムの影響、その要素は強いのかなと思います。ハリウッドで、こうしたある種のポリティカル・コレクトネス（ＰＣ）的な配慮がふつうになってきたということではないでしょうか。とはいえこれは何も政治的な配慮からフェミニズムの要素が取り入れられているというよりも、ジョージ・ミラー監督もインタビューで言っていたように、「面白い話」を作るには、必然的にこれまでのステレオタイプから脱して、多様性を追求する必要がある、ということでもあって。

西森　それは、この対談の一年前の対談で話したこととつながりますよね。

ハン　韓国映画には、また異なる文脈があるとは思いますが、ハリウッド映画は世界を相手にした巨大産業なわけで、資本の論理で考えてみても、アクション映画の動員を増やすために今までどおり男性だけを対象にするのではなく、女性もストレスなく見られるものにする、というのは、正しいですよね。さっき西森さんは、これまで香港映画のホモソーシャルの「嫌なところ」は仕方ないとあきらめてスルーして観ていたと言っていましたよね？　わたしの知人の女性にも、ハリウッドのアクション映画のミソジニー的なところはスルーして見ていた、でも恋愛要素がなくてもアクション映画は大好きという人はいて、ハリウッドがそのような女性たちを、正面から市場に取り込んでいこうと考えたのだとしたら、当然の流れでしょう。同じことが、たとえば人種や民族についても、起きていると思います。このグローバリゼーションの時代、観客層が多様になっている時代に、世界のあらゆる国や地域に映画を売っているわけで。

西森　男性も女性も納得できるアクション作品なんて、今まではできないのではないかと思い込んでいたけれど、「あ、できちゃうんだ」とわかってしまった。そこが『マッドマックス』のすごい点だと思います。

ハン　最近のハリウッドの映画は、『ベイマックス』（二〇一四年）にしても、『マッドマックス』にしても、集合知で脚本が作られていると聞きます。たくさんの人に面白くストレスなく見てもらう多様性を担保するために、必然的にそうなっているのでしょう。

――今、アカデミー賞のスピーチで、フェミニズム的なことを言う女優がいたり、国連女性親善大使になったエマ・ワトソンや、ビヨンセもフェミニストであると公言していますが、そういう動きと『マッドマックス』のようなPC的な要素のある映画が生まれていることには関係があるんでしょうか。

西森　やっぱり、空気はあると思いますよ。わたしなんて、ほんの三年前まで、フェミニズムのこともジェンダーについても何のことだかわからなかったけれど、Twitterを見ていても、徐々にジェンダーの話題が増えてきて。もちろん、そういう人をフォローしているというのはありますが、それにしても増えていると思います。

ハン　そうなんですね。少し前までは日本社会でこの辺の問題に対して、保守化一方のような印象を持っていたのだけど、行き着くとこまで行き着いたというか、そことは別の方向というか、お上のやることがひど過ぎるからか、やっぱりつら過ぎて、そこから脱したいって空気が出てきているのかなあ。

西森　でも、本当にここ数年の変化って大きいなと思うんです。これが三年前だったら、『マッドマックス』で、ここまでフェミニズム的な観点から議論できたかなと。『マッドマックス』がメジャーな作品で、男性が作った映画だからというのもあると思います。ジョージ・ミラー監督がこう言ってるんだから、わたしたちも言っていいのではないかという感じがある。そこが、『アナ雪』で語るのと、『マッドマックス』で語るのとは違うんですよね。プリンセスが主人公の映画に描かれたフェミニズムよりも、アクション映画に描かれたフェミニズムについて語る方が、乗っかりやすいし怖くないという気分があるような気がします。

炎上を謝罪ではなく対話で受け止めたジョンヒョンという希望

――最近、ハンさんは、Yahoo! ニュース個人で、K-POPの男性アイドルグループ、SHINee のジョンヒョンと、フェミニストとのやり取りを記事にしていましたよね。

ハン　不均衡な構造の中でのコミュニケーションについて考えるためのいい材料になると思ったし、正確な内容が伝わっていなくて日本のファンが心配していたこともあって、記事（「見きわめる目と傾ける耳」を持ったアイドル、SHINee ジョンヒョンとフェミニストとの対話　Yahoo! ニュース個人　二〇一五年七月二二日）にしてみました。

西森　どういう話だったんですか？

ハン　ジョンヒョンが自分のラジオ番組でゲストの女性ミュージシャンと話していたときに、「女性は祝福された存在で、創作にインスピレーションを与えるミューズだ」というようなことを言いました。それに対してゲストのミュージシャンは「自分自身がアーティストだからちょっと違う」と応じながら、女性がアーティストとして生きている苦労について言及したのだけど、ジョンヒョンはそこに同意し励ますつもりで、女性は愛される存在だから、などと言ってしまって。

西森　男女が、愛する性と愛される性、創作する性と創作のモチベーションを与える性に分かれているという感じですね。

ハン　ジョンヒョンに悪気はまったくないんだけど、その発言がミソジニー的だと韓国で炎上したんですよ。ジョンヒョンはSNS上で誤解だと説明して、ラジオでのやり取りの文字起こしをアップし、「もしわたしの話が誰かに不快感を与えたのだとすれば、それがどの部分であったのか正確に知りたくてこのようにメッセージを送っています」と書きました。そして、ジョンヒョンにメンションを寄せたフェミニストを自称するある女性に自分からDMを送り、かなり長いやり取りをしたんです。ジョンヒョンの許可を得て公開されたやり取りの内容を全文訳して載せたので読んでいただければわかりますが、わたしがいいなと思ったのは、ジョンヒョンが単に「誤解」だと釈明するのではなく、相手の異議申し立てに耳を傾けて、なぜそのように受け止められたのか、自分の言葉が何によって規定されているのかを知ろうとしたところですよね。悪意がなかった、誤解なんだ、という釈明だけだと、単に言葉を受け取った側に責任を押しつけることになってしまう。それじゃ下手すりゃ逆ギレです。

西森　そうやって知らないことを知ろうとしたり、理解しよう、対話しようとしているってだけで、「下から目線」の強い自分は感動してしまいます。

ハン　読んでくれた日本のファンの反応も大体はそんな感じでした。ジョンヒョンはすごい、という。ただ中には、「ジョンヒョンはアイドルとして常に消費されている側で、ミューズとして消費されるということがどういうことなのかわかるはずなのに、そのジョンヒョンにすら、こんなに丁寧に説明しないといけないのか」という反応もありました。

西森　それでも、表面的に謝るだけで済まさないで、そして突然現れたフェミニストの女性に話を聞いて理解しようとする男性がいることは希望ではありますね。

ハン　もちろん。まあ世の中がこうである以上、まだまだ課題はあると思いますが……。わたしも「下から目線」ですかね（笑）。

（構成：カネコアキラ）

追記

今読んでみても、まだまだ自分がフェミニズムに対して発言することが「おそるおそる」であることが見てとれます。今でこそふつうに受け止めている『アナ雪』も、男性からすると、「レリゴー」という解放のもつフェミニズム要素に違和感を持っている人も多かったことを思い出しました。また「ホモソーシャル」「ブロマンス」という言葉に対しても、はっきりとしたイメージが掴めていなかったんだということがわかりますが、同時に「ブロマンス」という形式で表現できる人間どうしの感情の限界というものを感じていたんだなと思いました。（西森）

対談の中でフェミニストとの対話について取り上げたSHINeeのジョンヒョンは2017年12月18日、惜しくもこの世を去りました。Yahoo! ニュース個人の拙稿で「見きわめる目と傾ける耳を持った」アイドルと表現したような、繊細な魂を持つ人間が先に逝ってしまうこの世界、この社会について深く考えさせられ、また重い課題を受けとったように思っています。なお拙稿は2015年7月に書いたものですが、ことあるごとに今も読まれていて、ジョンヒョンと対話相手のチェンさん、そしてファンと読者の皆さんに感謝しています。（ハン）

＃フェミニズム　＃ポリティカル・コレクトネス

恋愛関係でなくても男女は協力できる「当たり前」を描いた『マッドマックス』が賞賛される皮肉

西森路代＋ハン・トンヒョン
（wezzy　二〇一五年一〇月九日）

『マッドマックス　怒りのデス・ロード』（2015年、以下『マッドマックス』）についての対談の続編。同作のメインキャラクター、マックスとフュリオサという男女の関係を軸に、本作のユニークさを物語る深堀りエピソードや、現代のエンタメ界における「恋愛もの」の理想像、さらにそこから発展して、男女が共存する現実社会での課題や変化の兆しについてまで言及しています。

――『マッドマックス』について語る人々の中には、「恋愛要素」をめぐる見解の相違も見られました。「恋愛の要素がある」と考える人と「ない」と考える人がいて、さらに「恋愛要素がないのになぜ女性に受けているのか」と疑問をもっている人もいました。どういうことだと思われますか？

ハン　女性が恋愛映画ばっかり見ていると思っているから、そういう疑問が出てくるんでしょうかね。でも、『マッドマックス』はカップルで観に行ったらいいんじゃないかってわたしは思ったんですけど。マックスとフュリオサの関係をどのようにみるのか、意見が違っても、そこから対話できる関係っていいと思うし。

西森　恋愛ものに関しては、自分のことを考えると、二、三年前まではもうちょっと興味があったと思います。でも、この一年くらいで急に心が離れてしまって、作品を見ても乗れないんですよね。

ハン　それはなぜでしょうか。

西森　単に自分の心境の変化かもしれないけど、「壁ドン」とか「肩ズン」のように記号的に使われるものに反射的に「キュンキュンくる！」なんて気持ちにはいまさらなれないし……。「壁ドン」自体は、昔からあるものですが、最近ではマンガ『関根くんの恋』（河内遥　太田出版）の「壁ドン」はいいシーンだと思いました。関根くんは、イケメンエリートなのだけど、「鈍感・受け身・器用貧乏」の三重苦がたたってどこかピントのずれた人生を送ってきたという人物像になっています。そんな関根くんだから、恋をしても自分の気持ちがわからなくて、好意を寄せる手芸屋の孫娘のサラに自分の気持ちが伝えられず、思わず「壁ドン」をしてしまうんです。こういう葛藤の末の「壁ドン」だったらいいシーンだなって思えるんですけど、今、もてはやされてる「壁ドン」は、なぜ「壁ドン」することになったかの過程とかがあまり描かれてなくって、単に「壁ドン」だけを切り取ってるものが多い。だから上手く乗れないように思います。冒頭のシーンでなんの説明もなく「壁ドン」から始まる作品すらありますからね。もちろん、インパクトはあるし、記号的なもので楽しむ層ってのもいるだろうからいまだにラブコメが作られてるんだと思いますけど。

ハン　関係性の新しさを深く描くものと、記号的なものとが両極端ですよね。新しい恋愛の形を描いたものだったらわたしも乗れますが。最近、あまりドラマは見ないのですが、昨秋たまたま見たNHKドラマ10の『さよなら私』（二〇一四年）は良かったですよ。家族を作り直す物語で、恋愛や夫婦関係の要素があっても記号的ではないリアルな大人の関係性であり、女性どうしの関係を軸に家族の形を問い直すものでした。

西森　岡田惠和さんが脚本で、永作博美さん、石田ゆり子さん演じるふたりの女性が高校時代の同級生で、あることをきっかけに、体が入れ替わるんですよね。韓国ドラマでいうと、今は『ミセン―未生』（tvN　二〇一四年）っていうドラマがすごくよくって。恋愛がまったく出てこないんですが、商社の中の上司と部下、同期たちの葛藤や関係性がちゃんと描いてあるから、恋愛ドラマじゃなくても、ぐっとくるんですよね。主人公の男性はその商社の非正規雇用なんですけど、非正規の問題が女性だけの問題ではないという描き方もいいと思いますね。

ハン　『マッドマックス』は、話のあらすじは単純なんだけど、男女が出ていても、恋愛でもなく上下関係でもない関係性が描かれている。これってありそうでなかなかないような。マックスは「流し」の革命家だし、ふらっと現れて助けて去っていく股旅もののようでもあるし。マックスがなぜフュリオサやワイブスといった女性たちと対等な関係を結べたかというと、ひとつはマックスに、いまだにフラッシュバックするようなトラウマとなっている過去の経験があるからかもしれない。その罪滅ぼし的なものというのはあり得るかなと。

――マックスは初め、生き抜くためにフュリオサやワイブスを見捨てようとしましたよね。そんなマックスが彼女らと協力することにしたのは、その方がむしろ自分にとって得になるから、という面がありました。

ハン　合理的な理由が最初はありましたね。

西森　目的としては、イモータン・ジョーの軍団から離れたい、生きられればいいというのがあったとは思います。というのも、マックスはウォーボーイズと違って、すごくイモータン・ジョーの権力に対して冷めてますよね。輸血袋になって車に張り付けられてる間も、ジョー様の軍団は戦火にあってあんなに興奮状態なのに、マックスは「おいおい、いい加減にしてくれよ、こんなアホくさいことに巻き込むなよ」っていう表情で。で、フュリオサとワイブスに加わるときも、もちろん利害ではあったんだけど。わたしにとって新鮮だったのは、あの布の少ない服を着たワイブスにもフュリオサにも最初から一切マックスが性的な関心を寄せてない感じ。このセクシズムまみれの世の中で。

ハン　布の少ない服（笑）。うん、確かにああいう映画でありがちな「イケてるスケだぜー！」みたいなのがまったくない。

西森　「うわー美しい！」って思うのに、マックスにそれがなかったので、「えっそうなの？」って思いました。マックスに対しての信頼度が上がったのは、マックスがフュリオサに肩を貸して射撃するシーン。ああやって、男だろうが女だろうが、委ねられるっていうのがかっこいいなと思いました。

ハン　しかし、あの緊迫した状況の中で男性が欲情するのかっていったら、ふつうしないんじゃないのかな？　わからないけど。片や「緊迫した状況だから欲情する」っていうのもあるとは思うけど、それは今やファンタジーというか、例外的な気がします。特に九〇年代的なある種の表現だと、そういうのはむしろ少なくないけどね。

西森　わかんないですよね。まあ、ああいう緊迫した状況でなくても、「男はいつでも性欲の主体でないといけない」というプレッシャーをもつ人がいるなら、「そんなの必要ないのに」と思ったり。逆にそういう考え方がしんどいって人ももちろんいると思う。

ハン　「性欲が強い／弱い」じゃなくて、性欲を使いこなせるというか「上手く距離を取れる、コントロールできる」のが人間だし、今はそれがふつうにかっこいいと思うんですけどね。

西森　恋愛の場面で個人的に女性を性的に見ることはまったく否定しないけれど、社会的な場面では使いこなして下さい、というね。会社でもセクシズムとかルッキズムを持ち込まないでほしいのにと。

ハン こういうことを語るときに誤解されがちなんですけど、「性欲を出さないでいい場所がある」というか、当たり前なんだけど「どこでも出していいものではない」っていうことは、「性欲が要らない」ってことではないですよね。使いこなすのが本当は当たり前でそれが理性ってもんなのに、「じゃあ性欲は不必要なのか！」と感情的な反応が生まれちゃう。まあ、ないならないで別にそれでもいいし。だから、〝男は常に性欲を抱えていて出てしまうものなのだ〟っていう前提がそもそも変。それって動物だろ（笑）。

西森 常に欲情しないといけないというプレッシャーがあったり、それがもう当たり前になってるんですかね。会社でも、女性を仕事の内容で見ないといけない場面でも、いかに気が利くか、愛想が良くてコミュニケーションを円滑にしてくれるか、そしていかに好ましいかというセクシズムで見ちゃう、ということも多かったですからね。無意識で。

ハン ひとりひとりの意識は変わっていても、規範の方が変わりにくいから、そこにタイムラグがあって、今はその過渡期なのかなとは思いますけど。

西森 『マッドマックス』シリーズの最初の作品も見たんですけど、マックスのキャラクター自体もわりと根本的には変わってないかもしれないとは思いました。

ハン じゃあ、ジョージ・ミラー監督って、もともとそういう資質みたいなものがある人なのかな。それに加えて、初期の作品から時間も経って、社会の側のニーズ、コンセンサスが変わってきているわけですよね。

西森　男性はコンセンサスが変わって、それがビジネスにかかわるとなると、本気で世の中が何を求めているかを考え直す人はいると思いますね。勘がいい男性の中には、時代的にそろそろフェミニズムについて考えないと、っていう感じに変化していると思う。とはいえ、変化を即座に読み取ったのはいいものの、フェミニズムについても、代弁者になろうとしたり、すぐにイニシアチブを取ろうとする人がいると、何かちょっと……と思いますけどね。

ハン　マックスみたいになれればいいのにね。フュリオサの代弁もワイブスの代弁もしなくていいから、ただ、マックスのようなフラットな存在になればいいじゃないって。

——マックスについて、気になるところがあります。先ほども話題になったようにもともとマックスは、自分が生き残るためにフュリオサやワイブスと協力するようになりました。でも、映画の中盤で、彼女らを逃がすために、ガソリンを持ってひとりで敵の車を爆破しに行きます。あのときのマックスの行動は「生き抜くため」という利己的な行動ではなく、フュリオサやワイブスを助けるという利他的な行動だったと思うんです。これは、マックスとフュリオサ、ワイブスとの関係がどのように変化したためだと思いますか？

西森　最初は生きるためのモチベーションでフュリオサやワイブスと合流したけれど、途中で連帯したということが見えるシーンなのではないかと。

ハン　クルーの一員になったってことですよね。

マックスって、やっぱりちょっと不思議な存在で。あんな風に輸血袋になるのは嫌だけど、別に逃げたいのかどうかはよくわからないんですよね。マックスは、誰かに何かを要求されないと生きる意味を見出していない感じにも見えるんです。そこに、先ほども話した過去のトラウマもおそらく関係していて、イモータン・ジョーから逃れるという目的をもったフュリオサやワイブスとともに行動し、クルーの一員として加わることになった。役割がある、自分も求められているんじゃないかと考えて、生きる意味を見出せたのかもしれないなと。

西森　そうですね。フラッシュバックの映像から考えると、「俺は生きてていいんだろうか」っていう葛藤もありそうですもんね。それで、最後のシーンなんですけど、あれはどう考えますか？なぜマックスはフュリオサたちのもとから去っていったんでしょう。

ハン　一緒に行動して、生き抜いて役割を果たすことはできたけど、所詮は他人であるということじゃないですか。

西森　他人事というドライさよりも、「自分はここから去った方がいい」という意思かなと思って。フュリオサに譲ったというか。

ハン　「僕はいかんせん他人だから、ここにいなくてもいい」ということなんでしょうね。

西森　マックスが去ったことは、男でもこうした物語の主役や上の立場に立たなくても構わないということだ、と考えるといいですよね。

ハン　「めでたく王様とお妃様になりました！」だったらドン引きですよね（笑）。

──確かに、最後に滑車に乗ってイモータン・ジョーの砦に上がるとき、今回の逃走劇の主役となっていた女性たちだけじゃなくて、それまで蔑まされていた民衆も一緒にあがっていきますね。

ハン　劇中では描写されていませんが、たとえフュリオサがリーダーになったとしても、女の帝国を作るのが目的ではないということを表しているのかなと思いました。フェミニズムが「男性と女性の関係を逆転させたい」と考えていると誤解されていることへの反論にもなっていると思うんだけど、女がたまたまリーダーになっただけ、リーダーにふさわしい人間がリーダーになって戻って来ただけということを言ってますよね。おそらく。そして、将来的に、そういう女のリーダーだからといってうまく行くかどうかもわからない、ということまで示唆されているような気もします。

西森　あそこのマックスの選択はやっぱりいいなと思いますね。男の人って、社会がそれを求めてきたということはすごく大きいですけど、最終的に上に立ちたいし、立ててほしい、っていう人が、特にわたしたちより上の世代になると多いと思うんです。でもマックスが、最後に身を引けるのは、すごいですね。「権力者になる」ってある人にとってはというか、「男らしさ」にこだわっている人にとっては気分がアガると思うんですよ。イモータンだって、やっぱり政治や権力ってアガるもんだよっていうこととか、それをみんなにも共有して士気を上げてほしいってことがあるから、ああやってコーマドーフ・ウォーリアーにエレキギターでロックを奏でさせてるわけで。まあ、祭囃子ですよね。でも、イモータン自身、本当はもう自分の気分をアゲるのがしんどそうな描写も多々あるんだけど。

ハン　銅像でも建ててくれというね。この国造りに貢献した俺を末代まで記録に残せという欲望をもっていそうですもんね。でも、マックスにはそれがない。

――ニュークスはそういう願望をもっていましたよね。彼の「オレを見ろ」というセリフはどう思いますか？

ハン　二回同じセリフが出てきます。二度目の「オレを見ろ」は、彼が初めて主体的に自分で選んで決めた、仲間のための自己犠牲だと思うんですよ。

西森　戦火の中での「死」が、権力者からの栄誉を与えられる戦死の場合もあるし、戦火の中にありながら、仲間のために選んだ「死」もあるしで、本当は同じ戦火にいても意味は違うんですよね。

ハン　たいていはそれを権力者に利用されてしまうんですけどね。

西森　美談に利用されてしまう映画もありそうですね……。

ハン　ニュークスの台詞は、「人の記憶に残りたい」という点では一度目も二度目も同じかもしれないけど、最初の「オレを見ろ」は、イモータンの下僕のウォーボーイズとして記憶に残りたい。二度目はウォーボーイズではなく、個人として仲間の記憶に残りたい、という違いがあるんじゃないかと。

西森　最後の「オレを見ろ」のときは、もうニュークスは死んで(英雄の魂が集うとされる)ヴァルハラに行くつもりはないわけですしね。

ハン　だから、二度目の「オレを見ろ」っていうのは、「僕のことを忘れないで」っていう感じじゃないかと思うんですよね。フュリオサやワイブズたちとの出会い、道中を通じて、ニュークスは初めて個人として主体化した、人間としての主体性を取り戻した、という話かと。

西森　ああ、それはしっくりきますね。同じ言葉を二回使っているからこそ、そのニュークスの思いの違いとか、成長とかが見える気がしますね。この映画って、こっちがどんなに深読みしても、そこにちゃんと意味がある。何度も見ちゃうはずですよね。

追記

ハンさんからＮＨＫのドラマ『さよなら私』のタイトルが挙がっていたことで、この作品を思い出しましたが、2014年に「シスターフッド」を描いていたドラマが確かにあったんだなと改めて思いました。恋愛ドラマについての対話も、現在につながるものがありました。（西森）

西森さんに『ミセン―未生』（2014年）の話を出されてもスルーしている当時のわたし！（笑）。その後、自宅のテレビで視聴可能なチャンネルで放送されたので見たのですが、今見てもものすごくいいドラマだと思うのでこの場を借りて激しくおすすめしたいです。思えば当時はまだ映画やドラマのネット配信が一般的ではなかったなと。Netflixが日本でサービスを開始したのは2015年9月ですが、Netflixが普及しなければわたしが久しぶりに韓国ドラマを見るようになることもなかったし、本書の企画も成立しなかったかもしれません。そういえばわたしがNetflixに加入したのはポン・ジュノ監督の『Okja/オクジャ』（2017年）が独占公開されたからでした。（ハン）

「ファンタジー」としての勧善懲悪
誰でも楽しめる痛快アクション
——映画『ベテラン』（二〇一五年）

ハン・トンヒョン

（月刊『イオ』　二〇一六年二月号）

正義感の強いベテラン刑事（安定のファン・ジョンミン）とその仲間が、莫大な財力だけでなく強大な権力を握る狂悪な財閥三世の御曹司（ユ・アインが好演！）を追い詰めていく、勧善懲悪の痛快アクション。身体を張ったアクションはコメディーの要素も満載で（リュ・スンワン監督はジャッキー・チェン映画が好きらしい）、理屈抜きに楽しめる面白い映画でもある。動員一，三〇〇万人超で韓国映画歴代三位の大ヒット、韓国で四人にひとりが見た計算になるというのも納得の、「ザ・庶民のための娯楽映画」だ。

二〇一五年にヒットしたメジャーな韓国映画のひとつの特徴は、対権力の勧善懲悪というかたちで社会正義をエンターテインメントのネタにしたことだと指摘されるが、その最大の成功作である。それが成立し、成功するのは、大衆のニーズが「そこ」にあるから――つまり、韓国の社会構造上の問題がさらに先鋭化して噴出しており、その認識が広く共有されているからだろう。特に近年、メジャーな映画における悪役の新たな定番となった「象徴としての財閥（それも「世襲」）」について、見解が分かれることはほぼない。

権力の実態を暴く「現実」から始まるものの、問題の解決は英雄個人の活躍と非現実的な設定に頼る「ファンタジー」で終わるこれらの作品は、ファンタジー消費のガス抜きに過ぎない「怒りの商品化」だという批判もある。とはいえ、庶民にとって映画とはそういうものでもあるのではないか。映画館の外の現実がつら過ぎるのだから……。そういう意味で、庶民なら誰でも共感でき溜飲が下がるわかりやすさには、作り手のしたたかさも感じる。これは、韓国映画の世界戦略におけるひとつのカギでもあるだろう。

＃強さと弱さ　＃倫理観

『ベテラン』とその後のアクション映画に描かれる「敵」とは

※書きおろし

西森路代

実話ベースのリアルなアクション映画『ベテラン』

この本の対談には、あちこちで映画『ベテラン』の話が出てくる。二〇一五年にリュ・スンワンによって作られたこの映画は、ファン・ジョンミン演じる広域捜査隊のソ・ドチョル刑事が、シンジン財閥御曹司のチョ・テオ（ユ・アイン）を追う物語である。

物語は、実際にあった財閥御曹司がトラック運転手に暴行を加えた事件をモデルにしていると言われており、また映画公開時には、ナッツリターン事件も話題となっていた。韓国では財閥御曹司がその権力を笠に好き勝手にふるまっているという話題があとを絶たず、大衆の敵として見られていたこともあり、それが題材となったことで、人々の関心を引き、一，三四〇万人を動員する大ヒットを記録した。

それまでにも、財閥と市民との対立をうかがわせる作品はあった。たとえば『ベテラン』と同じ二〇一五年の映画『チャンス商会～初恋を探して～』にも、再開発推進派と反対派という構図は出てきたし、二〇一〇年のパク・ヨンハ主演のドラマ『ザ・

スリングショット〜男の物語』（ＫＢＳ）にも、再開発問題などは描かれていた。二〇一〇年代には、『追跡者〔チェイサー〕』（ＳＢＳ　二〇一二年）や『黄金の帝国』（ＳＢＳ　二〇一三年）など、社会派ドラマが結構作られていて、その中には、再開発や財閥の問題が数多く描かれていたのだった。

映画の世界でも、実際の出来事にひもづけて描き、それがエンターテインメントとして優れていたために、『ベテラン』は大ヒットとなったのではないだろうか。

しかし、『ベテラン』を公開当時に観たときには、これまでの社会問題を扱った作品とは違っているように見えた。社会問題が物語を形作るための題材やテーマとしてあるのではなく、今までよりも深く現実とリンクしているように思えたからだ。

それは、ドチョル刑事の友人で、シンジン財閥の関連会社で働くトラック運転手が、賃金の未払いに対してのデモをやっており、それを見かけたチョ・テオが自分の部屋に呼び寄せ、金と暴力で「穏便に」済ませようとする中で、事故が起こってしまう（ここはネタバレに関わるのであいまいにしか書けないが）ということを描かれているからではないだろうか。実話がモデルであり、労働者のリアルな感覚と結びついているからこそ、より現実味のある物語として感じられたのだと思う。

今でこそ、韓国映画には社会問題が深く関わっていると思われがちであるが、かつてのそれはカギカッコつきの「社会問題」で止まっているようなものもあり（先ほど挙げたドラマの再開発に反対する一般市民などの構図は確かに社会問題が描かれているとも言えるが、それが現実とリンクしている感覚が少なくともわたしには見えにくかった）、今ほどそのイメージは強くなかった。労働問題や実際の事件がエンターテイメント作品やアクション映画の中で描かれるということも、まだそこまで見られなかったと記憶している。それは別に韓国だけの話ではなく、世界的にもそういう傾向はまだ少なかったように思う。

惜しみない見せ場とスピード感。最近作と比較してみると

改めて『ベテラン』を観てみると、とにかくスピード感がある。始まってものの一〇分くらいで、ド派手なカーチェイスやコンテナ街でのアクションシーンに至るし、登場人物の会話のテンポも速い。コンテナ街のアクションとわざわざ書いたのは、コンテナ街のアクションシーンというのは、大体が映画の最後の最後の大きな目玉として取っておくことがほとんどだからだ。『名もなき野良犬の輪舞』（二〇一七年）や『エクストリーム・ジョブ』（二〇一九年）『HiGH&LOW THE MOVIE』（二〇一六年）などを思い出してみてほしい。

ハンさんとの後半に出てくる対談の中でわたしは、昨今の韓国ドラマは本題に入るのが遅いという実感を語っている。それは単なる感想でもあるが、それだけではないつもりだ。『ベテラン』では、すぐに事件につながる出来事が次々と配置され、その中で派手なアクションがたくさん詰め込められる。

しかし、二〇一九年に公開された『エクストリーム・ジョブ』では、最終的に登場人物たちは刑事としての本分はまっとうするが、その本題に入るまでに、フライドチキン屋であれよあれよと成功することになってしまう。そんな「余談」に意外性があって面白い話になっていたし、いろんな回り道をして、それが回り回って刑事としての本分に繋がっていく。その姿にも「回り道をしてもいいんだ」「がんばりすぎなくてもいいんだ」というメッセージがあるようにも思える。

この『エクストリーム・ジョブ』の中では、冒頭から麻薬捜査官である刑事たちが、かっこよく犯人を追い詰めたいと思いつつ、ビルの屋上からロープでぶら下がり、勢いよく窓に飛び込もうとしても、うまく飛び込むことができない。それを見た犯人から「ぶざまだな、もっとカッコよく登場しろ。屋上から華麗にジャンプして窓を破り回転して着地する。そして警棒で犯人をボコボコにして、投げ飛ばす。最後に手錠をはめて逮捕を宣言する。それが理想だろ」と言われるも、刑事は「窓ガラスを弁償する予算がない」と情けなく答えるのだ。

外で待つ新人警官も、棒を持ち犯人を回し蹴りする自分を夢想して体を動かしてウォームアップしているが、そんな姿を見た先輩刑事は、「はりきるな、犯人は来ない」と冷めた顔で指摘する。

こうしたシーンは、実際の刑事たちには、『ベテラン』のソ・ドチョルのようにはいかないものだ……とでも言いたげで、そこが、ほのぼのとした笑いになっているのだ。

のんびりと間延びしたアクション映画が作られるということは、後半（四章）の対談中にハンさんが指摘した通り、「疲れているから癒されたい」という気持ちの表れのように見えるし、巨悪に立ち向かう熱血漢の刑事映画が、今では、現実味を感じられないものになっているのだなとも感じる。もちろん『エクストリーム・ジョブ』は、『ベテラン』のような、カッコいい刑事ものをディスっているのではない。カッコいい刑事ものがあったからこそ、それをズラし、今のリアルな気分で新たな刑事ものを作ることができたというものだろう。

女性コップものの快作『ガール・コップ』

『エクストリーム・ジョブ』が韓国の歴代二位の一，六二六万人という『ベテラン』を超える「予想外の」大ヒットをしたことを受け、韓国では二〇一九年以降、多数のコミカルな映画が作られた。二〇一九年五月に公開となった『ガール・コップス』も、この影響があるのかどうかは定かではないが、そうした気分を表したコミカルな刑事ものである。

主人公のミヨンはかつて女性機動隊で活躍していた伝説の刑事だったが、今は結婚・出産を経て嘆願室で働いている。そこにミヨンの夫の妹のジヘが捜査中のトラブルをきっかけに飛ばされてくる。常に衝突している小姑と義妹のふたりの隣には、パソコンにやたらと強いジョンミという存在がいて、三人でわちゃわちゃしている、そののんびりした空気感が『エクストリーム・ジョブ』にもつながる。しかし、そんなとき嘆願室にひとりの若い女性が思いつめたような顔をしてやってくる。彼女は、アダルト動画サイトに自分の動画を拡散すると脅されているのだった。

ストーリーからもわかるように、この映画の「敵」は、ネットを使った性犯罪者たちであり、韓国で実際に起こった「n番部屋事件」を思わせるものである。

ミヨンたちは、嘆願室の職務を超えて、この事件を追うのだが、そんな中でミヨンがジヘに「なんでここまでするの？　被害者が気の毒で？　同じ女として悔しいから？」と問いかけたあとに、「女たちが『自分の過ちだ』『自業自得だ』と自分を責めるしかない状況に腹が立つからよ。紛れもない被害者なのに……」と語るシーンがあり、ストレートなメッセージに、胸が熱くなった。

　この映画では、犯人を追う中で、女性刑事ふたりが最後の最後にラスボスとの死闘を繰り広げるシーンがある。それは、『ベテラン』の最後にファン・ジョンミンとユ・アインが明洞《ミョンドン》の喧騒の中で繰り広げたシーンにも重なるものがある。その様子を皆が携帯で記録しているところも同じだ。ただ、もともと韓国のアクション映画では、終盤に主人公と敵が素手で殴り合うというのはお約束でもあったので、リュ・スンワン監督へのオマージュというわけではないだろう。しかし、女性たちの怒りが直接、犯人との素手での肉弾戦になって表現される「刑事もの」というものを、わたしは今まで見たことがなかった。男性がずっとやってきたことを女性たちが演じるだけで、ここまで新たな熱い感情を呼ぶのかと思わされた。

　これは、今まで数多く作られてきた男同士のバディものを女性どうしで実現させた作品であり、そこにフェミニズムが確実に描かれていたし、登場人物たちがその怒りを決して抑えつけたりしない映画になっていた。

このように、韓国のアクション映画も、少しずつ登場人物の関係性が社会の変化とともに変わってきている。しかし『ベテラン』は、過去のものになってしまったのだろうか。

『ベテラン』における「男らしさ」の在り方

今『ベテラン』を観てみると、「敵」の描かれ方は今とは違ってきてはいるが、今観るからこそ気づくこともある。それは有害な「男らしさ」についてだ。

主人公のドチョルは暑苦しく、古い「男らしさ」を信じている人だ。だからときおり自分の息子に「男は金の心配なんてするもんじゃないぞ。スケールのでかい生き方をしろ」と言ったり、トラック運転手の友人の息子に「男は迷ったらだめだ」「男ならパワーをつけて困難に打ち勝たないとな」と言ったりもする。

しかし、こうした「男らしさ」を信じるものが、すなわちミソジニーの持ち主ではないということも描かれる。たとえば劇中、ドチョルが監修したという『女刑事』という映画の打ち上げに呼ばれ、その映画を作った会社の大株主である財閥御曹司のチョ・テオに初めて会ったとき、彼らのいる部屋では賭け腕相撲が行われ、異常な狂乱状態にあるという風に描かれていた。そこでドチョルはちょっとしたイヤミもあるのか「(大企業の御曹司は) もっと派手に遊ぶのかと (思っていた)」と口にする。するとドチョルは何かに火がついたように、隣にいた女優やモデルの女性たちの胸にテーブルにあった氷を突っ込み、顔に食べ物やバナナをこすりつけるパフォーマンスをする。テオは引いた表情で「罪は犯すな」とひと言だけ告げるのだった。

この原稿を書いている頃に、恵比寿の高級ラウンジで女性の従業員がテキーラを一気飲みをした直後に急死したという痛ましい出来事があった。そこにいた男性は、女性に強要したわけではないとインタビューで自ら語っていたが、この映画の宴席のシーンを観ていると、恵比寿のラウンジにもこのような空気が流れていたのではないかと思ってしまった。

それは、単なるわたしの感想ではあるが、改めてチョ・テオはなぜ宴席の場でドチョルに、ミソジニーまみれで、人の尊厳をなきものにしたような行動を見せつけるのかと考えてみたい。すると、自分の中に「強さ」がないことを知っているからではないだろうかと思えた。チョ・テオは、財閥の御曹司で不自由のない暮らしをしていても、実際には「父親」の存在におびえ、いつも何らかの「恐れ」を抱いている。そのため、自分に自信がもてず、金や権力や暴力に頼り、「有害な男らしさ」をちらつかせることで、その「恐れ」を他人に気づかれないようにしているのではないか。

それに対してドチョルは「男らしさ」を信じてはいるが、それを使っていいのは、自分より力をもち、力を悪用する巨悪に対してのみであると知っている。もっと言えば、チョ・テオのミソジニー的な行動にもっと難色を示す必要があったが。

昨今は、「男らしさ」自体が有害であるようにもとられがちであるが、外見的な「男らしさ」を捨てて一見、優し気にふるまう男性が、自身の内なるミソジニーから女性に暴力をふるうケースだって存在している。それを見て見ぬふりをする、または見て見ぬふりをしていると決めつけられることで「ただし、イケメンに限る」と言われる現状に怒りを感じるし、問題があると感じる。大事なのは表面的なことではなく、誰に何をしたかであると、これまたこの原稿を書いているときに文春で報じられた若手俳優が交際している妊娠した女性に暴力をふるった記事を見て思うのだった。

そう考えると、『ベテラン』に描かれていた「敵」は、財閥とその御曹司という「巨悪」なだけでなく、その御曹司に宿る「ミソジニー」や「有害な男らしさ」でもあったのではないだろうか。『ベテラン』は、公開から五年たった今観ても、そんな見方のできる映画であった。

#フェミニズム　#ポリティカル・コレクトネス

韓国映画・ドラマの「正しさと面白さ」——不正義への目線、エンタテインメントが持つ力への信頼とその技量

ハン・トンヒョン

（Yahoo!ニュース個人　二〇一五年一一月三〇日）

不当解雇に抗う非正規雇用女性たちの物語『明日へ』

韓国映画『明日へ』（二〇一四年）は、大手スーパーである日突然、一斉解雇を通知された非正規雇用で働く女性たちが、屈することなくピケや立てこもりで会社と闘う話だ。実話をもとにしており、かつて『外泊』（二〇〇九年）という優れたドキュメンタリー映画も作られている。このテーマでごりごりの社会派作品なのに、人気女優やアイドルが出演し、きちんとひとつのエンターテインメントとして作ってしまうところに、韓国映画「らしさ」を感じた。それは、近年の韓国映画に共通するひとつの特徴が、「正しさと面白さの同居」だと考えているからだ。

アイドルEXOのメンバーも出演、社会のひずみ描く

金にモノを言わせ、国家権力さえ味方につけて暴力的に労働者を切り捨て排除する資本のえげつなさは容赦なく、やはり実話をもとに、労災で娘を失い巨大財閥サムスンと闘った父親を描いた『もうひとつの約束』（二〇一四年）もそうであったが、個

人的には特に、労働問題をめぐる人間の尊厳をかけた闘いを描いた話には心を揺さぶられずにはいられない。

とりわけ、闘うひとりひとりの女性たちがおかれたさまざまな境遇、だからこその闘いを通じた連帯（と、ときに分断もあるのだが）と主体化のプロセスは、胸に迫るものがある。映画化にあたって盛り込まれた主人公の息子（人気アイドルグループEXO《エクソ》のD.O.《ディオ》が、本名のド・ギョンスとして映画初出演を果たし好演）とその友だちをめぐる貧困家庭やバイト先でのエピソードも、話を立体的に見せてくれるうえで効果的だった。登場人物それぞれを通じて、社会のひずみが丁寧に描き出されている。

他人事ではない日本、「落差」はあっても意義ある公開

警察による放水の中、カートを手に団結して闘うクライマックスシーン。原題『カート』はここからきている。ストレートに感動的な作品だが、あざとさを感じさせない。プ・ジヨン監督の視線と手腕は確かだ（ちなみに女性）。クラウドファンディングに多くの市民が参加して製作されたというが、シネコンレベルで大規模公開され好評を博したという。

ただ、韓国公開時とまったく違う宣伝ビジュアルとぼんやりしたタイトルはどうにかならないものだろうかと思いつつ、その一方で、日本でも人気のＥＸＯのメンバーが出ていなければ日本での公開もなかっただろうと思いつつ、でもそれがきっかけでもいいからたくさんの人が見て、韓国社会のことを知り、そしてここに盛り込まれた社会問題をまったく同じように抱えるここ日本社会のこと、また人が働くということと人間の尊厳について、考え、省みる機会にしてほしいと強く思った。

同じテーマを扱ったマンガ原作のドラマ『錐』も好評

現在、韓国ではやはりスーパーを舞台に非正規雇用の労働問題に焦点を当てたドラマ『錐』（ＪＴＢＣ　二〇一五年）が、好調な滑り出しを見せて評判になっている。原作は韓国独特のネットで読むスタイルのコミック「ウェブトゥーン」の人気作。本作にもＥＸＯと同じ事務所の先輩アイドルグループ、日本でも人気が高いSUPER JUNIORのイェソンが出演している。おそらく日本でも放送されるだろう。「正しさと面白さ」はいかに同居しているのだろうか。楽しみだ。

#フェミニズム　#ポリティカル・コレクトネス

陶酔させ、誰も不快にしない「正しさ」の洗練――映画『お嬢さん』

西森路代＋ハン・トンヒョン

（wezzy　二〇一七年四月一日）

対談の3回目は、2017年に公開された話題作『お嬢さん』（2016年）が題材。1990年代から活躍し、韓国映画の隆盛を牽引してきた国際派、パク・チャヌクの監督作で、日本統治時代（日帝時代）の朝鮮の豪邸が舞台。莫大な遺産を相続する令嬢、秀子をめぐる叔父、詐欺師や使用人らのだまし合いを、エロティックかつユーモラスにも描いたこの作品に仕込まれた、フェミニズム、植民地支配への皮肉、男性性への自虐などさまざまな要素を探り当ててゆきます。

巧妙に設定された複数の〝偽装〟

ハン　西森さんはwezzyの連載で、『お嬢さん』を「フェミニズムそのもの」と書かれていました。感想として異論はありませんし、ある意味まさにその通りだと思います。だから今回呼びかけられたこの対談は、二〇一五年にwezzyで行った『マッドマックス』対談の延長線上にあるんだろうとわたしは受け止めています。そうした流れもあってか、この映画を観ていたとき、西森さんのことを思い出していたんですよね。詐欺師の藤原伯爵（ハ・ジョンウ）が「チンコを守れてよかった」って台詞を吐くシーンとか、「ああ、これは西森さん、絶対好きだな」って思って。

西森　そこだけに喜んでるわけじゃないですよ！　でも、「男らしさ」にこだわる滑稽さを意識的に描いたシーンなので、そこに確かに強く反応したのは事実です。あのシーンは、女性たちに復讐されているのにもかかわらず、当の男性は何が起きているかわかっていない。その上、情けないセリフを吐いている、というシーンですよね。それをハ・ジョンウに言わせるのかと思うと、つい笑ってしまいました。ハンさんは『お嬢さん』をどう見られました？

ハン　この映画って、結構複雑な作品だと思うんですよ。まず西森さんが書いていたように、何よりもまずジェンダー支配を乗り越えるフェミニズム的な要素がありますよね。それ以外にも、植民地時代の日本と朝鮮という民族的な支配－被支配の関係、そして階層という、三つの要素がクロスしている映画なんだと思います。

西森　すごく興味深いですね。

ハン　この映画では男性がとても情けなく描かれています。でもそれは、単に「男はダメ」で済ませられる話じゃないんですよ。それ以上に「〝親日派〟の男はダメ」っていう話なんです。そして登場人物にそれぞれ違った「偽装」がある。

　まず完全に日本人になりきって生きている上月（チョ・ジヌン）と、朝鮮人なんだけど詐欺師として今は日本人になりすましている藤原伯爵がいる。上月は植民地支配を内面化しているという意味での民族的な偽装、藤原伯爵はお金のために民族と身分を偽っているということで、それぞれ偽装のレベルが違います。さらにこの背景として、同じ朝鮮人でも、上月は上流階級に属していて、藤原伯爵は朝鮮半島の中でも差別される側にある済州島出身の貧しい男という違いもあります。

　秀子には、メタなレベルの偽装があって、日本人の役だけど、演じているのは韓国人のキム・ミニなんですね。たぶんパク・チャヌクはあえてキム・ミニに秀子を演じさせている。これは、「男性に抑圧されて自分らしく生きられていない」という役柄上のことに、日本による朝鮮支配を重ねているんだと思うのですが、みんなひとつずつ偽装のレベルがずれているんですよ。そんな中で唯一、詐欺に加わっているとはいえ、何も偽らず、偽装せずにそのままの姿で生きているのがスッキ。だからスッキが救世主になり得たのではないかと思っています。

西森　植民地時代には、上月や藤原伯爵みたいな、「偽りたい」という欲望をもつ男性が実際にいたということですか？

ハン　それを「偽り」と呼ぶかどうかはさておき、国が奪われている状況で上に行くには日本人になりきらないといけないじゃないですか。そうでもしないと生き残れない。というか、自発的にそうさせるのが植民地という状況。植民地時代の〝親日派〟って、単に日本に協力しましたって話じゃなくて、あの状況下で生き抜くためには特に男だとそうせざるを得ない、そうなってしまうってことなんです。逆に言うと女性はそういう構造からも「排除」されていたということなのだけど。

西森　上月が春画の収集をしてるのを変態って片付けることに違和感を覚えてたんですけど、あれは日本の文化に染まろうとしていたとも取れるわけですね。

ハン　そう、単なる趣味じゃなくて、身も心も日本人になりきろうとしていた。これは監督自身も話していますが、文化的な侵略のもとでの「内なる植民地支配」の表現です。

『お嬢さん』に対して怒る男性が少ない理由

西森　じゃあ、秀子が官能小説を朗読する姿を見に来ている紳士たちも……？

ハン　どうなんでしょうか。彼らが何人かはわかりませんが、当時の植民地の上流階級の朝鮮人男性は、いくらがんばったところで日本人になれないんだけど、でも日本人以上に日本人にならないと生き抜けなかった、劣位とされた文化を捨てて上位とされた文化に自ら進んで耽溺してしまう、というのをものすごくカリカチュアした存在が上月なんだと思います。韓国ではそうした文脈が共有されているところがあるから、この映画が植民地支配の批判であることに気づく人も多かったんじゃないかな。ただ一方で、正面から日本帝国主義を批判しているのではなく受け入れる側への皮肉めいた揶揄のかたちを取っているから、気づきにくかったところもあるかもしれない。そういう意味で、特に韓国人の男性は、男性批判であり親日派の植民地文化人批判であるにもかかわらず、「馬鹿にされている！」と怒る人が少なかったような……？

西森　どういうことですか？

ハン　この作品の中で、当時の植民地文化人がもっていた歪みによって被害にあっているのは女性ですよね。上月は、これはなりきろうとしている日本人への征服欲や復讐のようなものでもあると思うのだけど、姪の秀子を閉じ込めて、官能小説の朗読をさせているし、藤原伯爵はスッキを利用して秀子と結婚して階層上昇するために日本人を演じている。パク・チャヌクは、上月や藤原伯爵を情けなく滑稽に描くことで、親日派男性批判と同時により一般的な男性批判をもしています。でも、韓国のナショナリストはそう受け取らなかったのかもしれない。「親日派だから、上月や藤原伯爵があんな末路になっても仕方ない」と、自分たちのことが描かれているとは思わないんですよ。一見、民族的なつながりより女性の連帯を上位においちゃっているのに、そういう批判をあまり見かけなかったのはこういうことなのかな、と。

西森　女性が男性を断罪する話ではなくて、民族の話として受け取っているということですか。

ハン　そうですね。秀子を救い脱出へと導いたのは朝鮮人女性のスッキです。つまり日本人女性を朝鮮人女性が救ったという話でもある。だけど、朝鮮人が日本人のふりをした親日派を断罪した物語としても受け取れるようになっているんですね。しかも秀子をキム・ミニが演じているので、朝鮮人が朝鮮人を救った話のようにも見える。実際、そういう風に受け取っていた知人もいました。あと彼女たちを苦しめたのは親日派の朝鮮人や野望を持つ朝鮮人の男で、そうさせたのは日本とも言えるのだけど、キャスティングの妙によってその怒りが秀子には向かいにくい構造だし、男性たちの滑稽さが際立ちますよね。パク・チャヌクは巧妙なんですよ。しかもこんな話を韓国人男性が作るのだから自虐的というか、きわめて内省的だとも思います。現在の韓国の男性たちにもつながる話なのに。自発的服従って、きわめて今日的なテーマですよね。今の日本だったら忖度（笑）。

西森　原作はサラ・ウォーターズの『荊の城』ですよね。海外の小説をそんな風に意味をもってうまく置き換えられるパク・チャヌクってすごいですよね。

ハン　植民地支配は当然ながら日本の問題でもあるんだけど、残念ながら、今の日本でその文脈で受け止められる人は多くないのかもしれません。日本人役の秀子をはじめ、俳優たちが話す「日本語が拙い」って文句を言う人もいたけど、秀子を日本人俳優が演じて完璧な日本語を話していたら、まったく違う見え方になってしまっていたかも。秀子の位置づけに「揺らぎ」をもたせるためにも効果的だったと思います。あと植民地時代に作られた映画って、朝鮮人の俳優が日本語をしゃべっているんですよね。ある時期からは朝鮮語を使うことが禁じられていたし、映画会社も最終的には国策会社一社となり、総督府の監視下で映画を作っていた。『お嬢さん』で日本語を話す韓国人の俳優たちの姿は、当時の朝鮮映画に重なります。

西森　パク・チャヌクはそこまで考えて作っていたんですかね。

ハン　それはわからないけど。あの時期の映画のフィルムが発掘されたことで、一九二〇〜一九四〇年代の映画研究って近年かなり進んでいるんです。研究熱心なパク・チャヌクが当時の映画を観ていないわけがないとは思いますが。当時の作品はたとえば日本人と朝鮮人の俳優が両方出ていたりして、さらに時期によっては全員が日本語を話していたり、半々だったりで、誰が何人なのかなんてよくわからなくなっています。そういう風に文化的に同化しようとしたのが日本の植民地政策であり、とはいえ同化しきれない「揺らぎ」が見え隠れするごちゃごちゃした状況が植民地のリアリティ。だから「日本語が拙い」っていう「批判」に対しては、「いや、植民地ってそういうものだから」って思いました。そういう揺らぎを可視化させるキャスティングでもあったと思います。あと、拙い日本語が「エロい」っていう人もいた。いろんなポジションから見られるようになっていて、どんな位置づけの人にも楽しめるようになっているのが『お嬢さん』なんですよね。

西森　やっぱりわたしは、その辺りで知らないことが多かったので、今日、ハンさんに聞くまで、そこまでは考えられなかったですね。そこは、「チンコ」で笑えない男性と同じことになっているのかもしれません。これまで観た韓国映画でも、そういう日本に同化せざるをえなかった人たちがふつうに出てきていたんですかね。『暗殺』（二〇一五年）だと、イ・ギョンヨン演じるヒロインの父親が親日派であり「家」を守ろうとした人として出てきますが、あの映画の親日派は悪くて悲しい人だったとしか書かれていなかったから、わたしたちは映画を観たくらいではその背景は理解できなかったのかも。その他のドラマを観たことがあったけど、そこまでの意味がわかってなかったですね。

女性と男性で、笑うシーンが違う

ハン　日本でまわりの感想を見ていると、特に男性は「エロくて良かった」って言っている人が多いですよね。自分が「チンコ」側の人間だって気づかないのかな（笑）。

西森　わたしもフェミニズムの話だって一方向にしか見れてなかったので、今考えると男性も一方的にしか見られないのかもしれないし。でも、さっきも書いた通り、「チンコ」というのは「男らしさ」の象徴なので、自分が死よりも、その「男らしさ」の象徴を守れたことの方が「良かった」というのって、なかなかすごいですよね。だから、見ているときは「みんなチンコだろう」って思いながら見ていました。

ハン　思わないんだよね。みんな「エロくて良かった」って言ってる。

西森　もしかしたら「チンコを守れてよかった」って素直に思ったとか。

ハン　かもしれない。ホッとしてるのかな。あれは「救い」だもんね。指は切られたけど、チンコは守れた（笑）。

西森　あの辺りのハ・ジョンウとチョ・ジヌンのくだりって、緊張感が解けてのほほんとすらしてますよね。パク・チャヌクはそれをわざわざ台詞にしてるわけですよね。台詞にしないでも伝えられるのを、「お前ら台詞にしても気づかないだろう」ってストレートに馬鹿にしているのかもしれない。

ハン 茶化してるよね。そしてものすごい皮肉だとも思いますよ。しかもパク・チャヌク自身、男性ですからね、自罰的で自虐。

西森 あと、優しさでもありますよね。だからわたしは最後の「チンコを守れてよかった」って台詞は笑えたんだと思います。一方で、秀子が人形と絡み合うシーンを笑えたって男性がいたんですよね。わたしはあのシーンは笑えなかった。

ハン あのシーンは笑うところじゃないよね。すごくグロテスクなシーンだった。

西森 自分の罪に結びつかないで、笑っちゃうんだって思ってその感想を見て怖かったというか……。むしろどういう風に見ていいのかわからないときに、これは笑いなんだって思うようなことはありますよね。

ハン 表裏なのかもしれない。男性はチンコのシーンが笑えないし、女性は人形のシーンが笑えない。ふたつのシーンが同じ作品にある、という。

西森 どこから見るかで笑うところまで違ってくるんですね。

『お嬢さん』は誰が見ても不快にならない、ポストPC映画

――韓国の女性はこの映画をどう見ていたんでしょうか。植民地支配への批判として？ フェミ

ニズムの文脈で？

ハン 韓国ではやはり、「フェミニズムに接近した映画だ」って評価されているようですね。あとやはり同性愛を扱ったということで、そのクイア性。

西森 今の韓国は、アイドルが女性蔑視的な発言をすると、日本では論争が起きないようなことでも論争が起きますからね。BIGBANG の G-DRAGON が、自分のブランドの洋服の洗濯表示のタグに「いいからママに渡しなさい」とジョークめかして書いた写真をインスタグラムにアップしたら、「ママが洗濯をすると決めつけるのはいかがなものか」という批判があったそうです。それくらい韓国ではフェミニズムな視点があるわけですけど、この映画はフェミニズムがここまで話題になる前から製作が始まってますよね。

ハン そうですね。企画自体はもっと前からかと。パク・チャヌクが、サラ・ウォーターズの『荊の城』を朝鮮の植民地時代に置き換えて映画を作るって聞いたとき、監督のファンでありながらも若干の不安がよぎったのを覚えています。今は「疑ってすいません」という感じですが。

西森 それって、パク・チャヌクがジェンダーの読み込みに失敗していたらどうしようという不安ですね。ジェンダーに関してもそうですけど、ポリティカル・コレクトネス（ＰＣ）全般に対しての意識が高まっているのは感じましたよね。

ハン 先ほど不安がよぎったとは言ったものの、パク・チャヌクは以前から女性を主体的に描いてきた人ですよね。彼が世に出るきっかけになった『ＪＳＡ』（二〇〇〇年）で捜査官を女性にしたのは、このようなタイプの作品では女性が受動的な存在として描かれがちなのであえて、と言っていましたし。『親切なクムジャさん』（二〇〇五年）もそうだし、少し違いますが『サイボーグでも大丈夫』（二〇〇六年）もある意味、弱者フレンドリーな映画ですよね。

西森　わたしとハンさんは、パク・チャヌク作品の中でも、あまり評価されていない『サイボーグでも大丈夫』が好きなんですよね。でも、どの作品を見てもそういう意味で気持ち悪かったことはなかったですね。

ハン　そういう意味では皮肉としての意味ではなく、すごく正しくPCな人ですよね。日本ではわりと、エログロ、暴力とエレガンス、みたいに見られるけど。

西森　それは表面がそう見えるだけで。

ハン　パク・チャヌクは韓国の学生運動世代の人で、韓国とは何か、韓国にとって近代とは何かを考えてきて、映画の政治的な可能性を強く信じている監督だと思います。とはいえあの世代の人たちはふつうに日本文化を含むサブカル的な教養に親しんできた人たちでもあるし、単に政治的なことを訴えても駄目だとわかっている。だからこそそれを融合させてエンターテインメントとして水準が高いものを作ろうとしているんですよね。

西森　いわゆる三八六世代ってやつですよね。表向きは女性のため、エンパワーメントしたいと言いながら、実は反対のことをやっているものってたくさんあるけど、パク・チャヌクは逆ですよね。表向きは破廉恥と受け取る人もいるだろうけど、中身を見たら……って。しかも『お嬢さん』は、誰が見てもどの方向から見ても不快にならないようになってる。

ハン　そうそう、あんなエログロなのに誰が見ても不快にならない。あの美学にみんな陶酔できる。PCありきで映画を作ると、たとえばフェミニズムの立場で映画を作ったら男性が怒るみたいな、「何かのポジションに基づいて映画を作ると、違うポジションの人間が怒る」ってことが出てきたりしますよね。

西森　『マッドマックス』や『アナと雪の女王』のときに、そういう反応がありましたよね。

ハン　ああそうなのか。でも『お嬢さん』は、怒りにくくできている。わたしの言い方だと、ポストPC時代のPC映画なんだと思います。逆ギレさせない正しさの洗練。

西森　『お嬢さん』の結末は、女性たちが今まで自分たちを苦しめてきた男性を直接復讐するんじゃないんですよね。大泉洋が主演の『駆込み女と駆出し男』（二〇一五年）っていう映画は、虐げられた女性たちの話なんですが、めちゃめちゃフェミニズムをストレートに描いていて、最終的には自分たちの手で復讐するんですね。こういう作品は、カタルシスがあったんですけど、その後も生きていくことを考えると、手を下した人は罪を償わないといけなくなってしまうから、実はそこにすがすがしい未来は残されていない。でも、『お嬢さん』は、パク・チャヌクなのに、「復讐もの」からも解き放たれていると言えるかもしれません。自分たちの手で復讐しないための伏線もちゃんと張っていましたね。最後は、残された男性どうしが罰し合うような、滑稽なやり取りや、しみじみと我に返る会話をさせている。『マッドマックス』も、結局はイモータン・ジョーに女性たちが手を下すわけではなくて、マックスやウォーボーイズのニュークスとも結託した結果、イモータンに天命が下ったような死が描かれていたけど、『お嬢さん』は、倒すことを目的にするのではなく、「逃げる＝自分たちの世界を手に入れる」ことの方が重要でしたね。

どっちも好きな映画なんですけど、わたしは『お嬢さん』を見ていても『マッドマックス』を想像しなかったんですけど、この話をしてると、やっぱりつながっているんだなと思いました。

ハン　なるほど、よくわかります。たぶんパク・チャヌクはロマンチストだよね。あと、まずはエンターテインメントとして素晴らしければそれでいいと思ってるんじゃないかな。でも『お嬢さん』がすごいのは、ジェンダーや民族や階層といった政治的なポジションの問題を設定やストーリー、美術にまでしっかりと構造的に盛り込むことで、作品に厚みを持たせているところ。それがエンターテインメントの完成度、素晴らしさに帰結している。

西森　試されている感じもしますね。よくある最後に謎を残しておいて、説明不足なことで、それが理解できるかどうかという意味での試され方じゃなくて、層がいっぱいあるからこそ、どの層を見ているのかが試されている、というか。

ハン　厚みがあって、それがエンターテインメントになっているからこそ、いろんな人が楽しめる。しかも、それぞれの登場人物の偽装とだまし合いのストーリーが必然的に絡み合っている。緻密に巧妙に破たんなく計算されているのだけど、解釈は開かれているし自分の解釈の正しさに疑いをもたせる余地も残されている。そこにはかなりの辛辣さもあるのだけれど、決して説教くさくはない。舌を巻きます。

「悪しきPC」としてのエクスキューズ

西森 日本って、作品の厚みがあるからといってヒットするかどうかはわからない、みたいなところがあったけど、『逃げるは恥だが役に立つ』（TBS 二〇一六年）はそれを吹っ飛ばしたドラマと思うんですよ。

ハン 「逃げ恥」はまさに、さっき話したような意味でのポストPC的なPC作品なのかもしれませんね。誰も不愉快にしないのに、ちゃんとフェミニズム、みたいな。ジェンダー論的な家父長制批判といった重要な話をしながら、ラブコメとして楽しめるようになっている。実は結構男性批判をしてるのに、気づかない人は気づかない。不愉快にならないで楽しんでる。

西森 平匡が、みくりとの初夜を迎えたあとに、愛があれば何でもOKになるとちょっと勘違いしてしまって、みくりの家事労働を愛情があるなら無償でもいいだろうと思ってしまうような、言ってみれば「よくない男性性」みたいなものが表れてしまうシーンに対して、女性たちは「平匡ー！こらー！」って言ってましたよね（笑）。

ハン 男は「自分が平匡だ」ってすぐには気づかないかもしれないけど、ゆっくりと、いつか気づくかもしれない。別に男を怒らせたい作品ならそれはそれでいいと思うけど、エンターテイメントだからね。パク・チャヌクだって男たちを怒らせるためにやっているわけじゃないだろうし。

西森　それに、たくさんの人が見ることも前提に書いてますよね。そこから、汲み取れる人はどんどん奥へと入っていけばいいと。

ハン　多様性のある作品って、まずはさまざまな人に「見てほしい」って戦略の側面もある。視聴率だって取れた方がいいし、興行収入だって高い方がいい。大事なことは届く人に届けばいいし、じわじわと効かせていけばいいわけで。

西森　そのくらい考えて、ちゃんと設計できないと、全員に届けられるものは作れないんだなと。でも、そういうことができる人がいて、ちゃんとたくさんの人が見ているってことは希望でもあります。

ハン　「PC＝表現の委縮」だ、みたいな話ってつまらないと思うんですよ。だってわたしの見方が正しければパク・チャヌクみたいに、ものすごいレベルで両立できている監督だっている。まあ『お嬢さん』がPC的な映画ってわけではないかもしれないけど。PCのせいで自由に表現できないって言っている人たちは、自分の力量のなさの言い訳なんじゃないかと邪推してしまう。皮肉や諧謔には頭脳と技術が必要なんですよ。

西森　多層的に作れないことの言い訳にしてはいけないと……。

ハン　その事例というわけではありませんが、たとえば映画の『この世界の片隅に』（二〇一六年）で、玉音放送が流れたあと、町中に掲げられた大極旗が小さく一瞬映るシーンがあるけど、個人的にはあれがどうしても納得できなくて。単なるエクスキューズにしか見えなかった。ちなみに原作の漫画は未読なので映画に限った話です。

西森　これは別の作品の話ですけど、多様な人を出してますよ、わかっていますよ、とエクスキューズすることがPCだって思ってる人っていますよね。そうすると、PCは表現を狭める堅苦しいものっていう風にしか思えなくなってしまう。

ハン　あそこで大極旗を出すのなら、たとえば呉や広島にも日本の戦争による被害者である朝鮮人がいたとかっていう話がどこかにないとおかしいじゃないですか。もちろん、何も直接見せろ、直接語れということではありませんが、ずーっと日本人の加害者性については何の伏線もなくあれだけを出されても、言い訳程度にしか見えない。だったら日本人は被害者だったという話で一貫して、あれはなかった方がすっきりしたんじゃないかと思う。だってそういう話ですよね、あの映画。それがいいか悪いかは別の話ですが。そういう意味で、悪しきPCの見本のように感じました。何でこうなってしまうのかな。

西森　どうすればヒットするのかしか信じられなくなってしまって、多層的な作品、わかりにくいけどでもものすごい作品を作れないし、嫌悪してしまうところがあるのかもしれませんね。闇雲にわかりやすく受けそうなものを作ることしか信じられない状況なのかも。

ハン　観る人を信じていない、というのはあるかもしれないですね。去年は流行っているものを観ようと思って『シン・ゴジラ』（二〇一六年）、『君の名は。』（二〇一六年）、『この世界の片隅に』を観たんです。どれも緻密で、画的な見応えはあり、たくさんの情報やネタが盛り込まれているのは事実だけど、厚みの方向が細部の情報量や再現度や、つまりわかっている者どうしが共有できるものを競う方向というか、普遍的な、多様性に訴えられるような深みにはなっていないような気がしました。別にそれを否定するのではなく、それはそれでひとつの洗練のあり方だとは思うのです、本当に。ただ、「他者」がいるのなら、そして「差異」があるのなら、そのような重層性こそが「世界」なのだから、それをきちんと描いたり取り入れるのは、作品を豊かにし、おもしろくするはずだと思うのですが。かといって、「他者はいますね」とか「差異はありますね」とエクスキューズに終始してしまうのはもったいないし、やっぱりそれではエンターテインメントやそのユーザーをなめている態度ですよね。

西森　そこに対しては、『お嬢さん』とはやっぱりその層の意味が違うということはわかります。それとは別で、映画やドラマの中の世界が、さまざまな差別や差異がすでにないってことからスタートするには早過ぎるんじゃないかってことはすごく思います。まだ問題はあるのに「あらまほしき世界」になったあとの世界だけを描くのって、存在しているものを見ないようにするってことですからね。それなのに、この作品には、ジェンダーギャップがない、素晴らしいというのは、間違いではないけれど、現実とのギャップを感じてしまいます。

ハン　もちろん、そこにあるものをないかのように描くことが「正しい」わけではないですから。描き方に、どのような批評性をもたせるか、だと。まあ『お嬢さん』はそこがすごいんだと思います。植民地という状況下に存在した民族的な支配と被支配、階層、ジェンダーというそれぞれの社会的ポジションとそのかく乱を、だまし合いというストーリーにのせてエンターテインメントの要素として盛り込み、細部にもフェティッシュな美学を貫徹させながら、エロスでもフェミニズムでもポストコロニアルでも、さまざまな視点から見ることのできる作品になっていました。それは、皮肉たっぷりで辛らつな男性批判、「内なる植民地支配」批判でもあり、女性たちにとって抑圧される手段だった性という資源によって自らを解放しポジションをかく乱させる話なわけで、極めてクイア的な作品とも言える。女性も楽しめる性描写になっていますしね。痛快でユーモラス、豪華絢爛でエロティックで、芸術性と娯楽性を両立させていて。パク・チャヌクのインテリジェンスとエレガンスの炸裂っぷりに、わたしにはほめ言葉しか見つからないのですが（苦笑）、もっとこういう作品を観たいですね。

（構成：カネコアキラ）

追記

2016年に発売になった小説『82年生まれ、キム・ジヨン』と、同じ年に『お嬢さん』は公開されていたわけです。両方ともフェミニズムを描いていると思いますが、『お嬢さん』の方は、「有害な男らしさ」についても、わりと男性目線から良い意味で内省的に描かれていたんだなということが、この対談を読み返してわかりました。（西森）

＃南北問題　＃社会性と娯楽性

『鋼鉄の雨』は韓国版『シン・ゴジラ』か？
韓国映画に通底する〝未完の近代〟としての自画像

ハン・トンヒョン

（Realsound映画部　二〇一八年四月二一日）

平昌《ピョンチャン》冬季オリンピックを機に盛り上がる南北融和ムードの中、平壌《ピョンヤン》で行われた韓国芸能人らによる公演を観覧し、人気のK－POPアイドルと面会するなど、最近露出の多い北朝鮮の「三代目」、金正恩《キム・ジョンウン》・朝鮮労働党委員長。四月二七日には、三代目としては初となる南北首脳会談が予定されている。

北朝鮮では歴代、最高指導者のことを公式な隠語で「一号」と呼んできた。たとえば労働新聞の一面を飾るその写真は「一号写真」と呼ばれる。絶妙なアングルで顔は映らないものの、明らかに実在の一号をモデルにしたに違いないその姿が登場し、「一号」、「一号」と連呼される韓国映画が登場した。二〇一七年に韓国で公開された『鋼鉄の雨』（ヤン・ウソク監督）だ。

クーデターによってひん死の重傷を負った「一号」とともに南へと脱出した北のエリート工作員（チョン・ウソン）が、核戦争の危機を回避すべく南の大統領府外交安保首席（クァク・ドウォン）と協力する過程で友情を育んでいく、ポリティカル・サスペンスでありバディ・ムービー。昨年末に韓国で劇場公開されたのち、グローバル版権について独占契約を結んだNetflixを通じて、先月から日本やアメリカなど各国で配信されている。このようなテーマのこのような作品が、アメリカのグローバル資本がお金を出す韓国映画のウリなわけだ。

時代背景や国際情勢が濃密に反映されつつもアクション満載のエンターテインメントで、エンディング・クレジットの映像はまるでマーベル映画。現実的な部分と非現実的な部分のバランスが絶妙だ。自省や主張を埋め込みつつ政治をエンタメ化する韓国映画の手腕には、いつもながら脱帽するしかない。

『シュリ』から二〇年を経て

北朝鮮に対する太陽政策を掲げ、二〇〇〇年に初の南北首脳会談をもたらした金大中《キム・デジュン》政権時代に作られたカン・ジェギュ監督の『シュリ』(一九九九年)、パク・チャヌク監督の『JSA』(二〇〇〇年)は、北朝鮮の工作員や軍人を「同じ人間」として描くことで、韓国映画における北朝鮮イメージの転換点となった(逆に言うとそれまでは、たとえとしてよく言われた「頭に角が生えた鬼」というイメージが、決して大げさなものではなかったのだ)。

それから二〇年弱。金大中政権の路線を引き継いだ盧武鉉《ノ・ムヒョン》政権が倒れ、九年にわたる対北強硬保守の李明博《イ・ミョンバク》、朴槿恵《パク・クネ》政権期を経て、核をめぐる緊張状態のもと、再び対北融和政策を取る文在寅《ムン・ジェイン》政権となった二〇一七年、韓国で公開されたのが『鋼鉄の雨』だ。『シュリ』では男女の愛情だったものが本作では男どうしのバディになり、『JS

A』ではチョコパイだった資本主義韓国の象徴が本作ではG-DRAGONになり、さらに北の「一号」を南北が協力して守るという設定に、二十年を経た現在の韓国と、韓国映画のトレンドを感じる。

韓国映画が描く「未完の近代」とは

ヤン・ウソク監督の前作は、人権派弁護士時代の故盧武鉉元大統領をモデルにした『弁護人』（二〇一三年）だ。主演のソン・ガンホはこれをきっかけに、当時の朴槿恵政権が密かに作成していた「文化人ブラックリスト」に載せられ、財閥系の大手製作会社が手がける作品から干されることになったと言われている。少なくない韓国映画人がそうであるように、ヤン・ウソク監督が現政権支持の立場であるのは明らかであり、本作で顕著なそのスタンスは、「民族主義左派」とでも呼べるようなものだ。

多くの韓国映画に通底する共通の大きなテーマは、「未完の近代」である。彼らにとっての未完の近代とは、ひと言で言うといまだ成し遂げられていない真の独立、つまり自らの手による民族の自主権の回復だ。日本から見ると、わかりにくいかもしれない韓国の北朝鮮観の根底には、そのような意識がある。

民族の同質性や共通性というより（もちろんそのような意識もあるが）、本来は北もわが国なのだ、という意識（それは北にとっても同じだろう）。そして、現在それを妨げているのはアメリカであり、かつてそれを妨げていたのは日本だという思い（そこには、「それを許してしまった」という悔悟や自省の念と、「自らの手で本来あるべき姿に正すことができるはずだ」という自信や誇りもにじんでいる）が、現政権とそれを支持する人々にはあるように思う。

Netflix オリジナルの韓国映画第一号として、アジア人の視点でグローバル資本主義を描いた『オクジャ／okja』（二〇一七年）を撮ったポン・ジュノ監督の『グエムル　漢江の怪物』（二〇〇六年）のテーマも、アメリカに妨げられた未完の近代としての韓国の自画像そのものだった。

そのような人々が思い描く「統一」とはいかなるものか。日本で統一というと、東西ドイツのように完全にひとつの国になることを想像しがちだ。だが、現在の南北朝鮮にそれが可能だろうか。少なくとも短期的に、そして第二次朝鮮戦争（それは本作でも描かれているように間違いなく核兵器の使用を伴うものになるはずだ）のような代償を払うことなしに……。それは、南北双方の当事者たちが誰よりも一番よく知っている。つまり現実的な統一とはさしあたり平和的な共存であり、それを自らの手で成し遂げること。それが真の独立であり、未完の近代を手にすることでもあるのだ。

現在、日本を「素通り」するかたちで激動する北東アジア情勢を解く鍵のひとつが、ここにあるのかもしれない。

韓国が危機のもとで見出した希望

今年二月、韓国のアーティスト、イ・ランにインタビューしたとき、彼女は次のように話していた。

日本の人たちが北朝鮮のミサイルにおびえている様子は知っているけど、正直よくわからない。韓国で韓国人として生きていると、ひとつも怖くないし、戦争の危険があるなんて誰も思っていない。ただ、韓国の戦争に対する感覚は、日本の地震に対する感覚に近いのかもしれないとは思う。だから、冗談と言っていいかどうかわからないけど、もし戦争や大災害が起きたら電話やネットが使えなくなるから、歩いて友だちの家に行けるように場所だけは把握している、とか、そういう感覚はある。ただ、毎日怖がるとか、北朝鮮で今日何が起きているのかを気にするとか、そういうのはない（「私は『生産業者』。様々な方法で作り、一〇〇人、一,〇〇〇人の人に変化を起こすのが仕事」イ・ラン　インタビュー〈下〉Yahoo!ニュース個人　二〇一八年二月一三日）

日本にとっての震災が、韓国にとっての第二次朝鮮戦争なのだとしたら、そしてアメリカの影響から逃れられない状況下で国が抱える根源的な危機、トラウマと、政府、官僚たちが対峙する「リアルなファンタジー」という意味で、『鋼鉄の雨』は韓国版『シン・ゴジラ』（二〇一六年）とも言えよう。そして、日本にとって『シン・ゴジラ』がそうであったように、韓国が危機のもとで、そこから見出した希望のひとつのかたちが、本作なのかもしれない。

なお、その存在と楽曲が心憎い小道具として盛り込まれていたG-DRAGONは現在、南北の軍事境界線に近接した最前線、江原道鉄原郡の陸軍第三師団白骨部隊で兵役についている。これもまた、「未完の近代」のリアルな現実だろう。

原作は、監督自身の手によるウェブトゥーン（ネットに特化されたコミック）。『アシュラ』（二〇一六年）に続いて共演しているチョン・ウソンとクァク・ドウォンが、『アシュラ』とは真逆の関係性で登場するのも、韓国映画ファンにはうれしいところだ。

追記

対談は基本的に西森さんに誘われてやってきたので、ここで書いたような南北分断、統一問題にはあまり触れていなかったように思いますが、個人的にはこの辺のことを扱った韓国映画、ドラマにはとても大きな関心を持っていて、最近だと日本で大ヒットしたドラマ『愛の不時着』（二〇一九～二〇二〇年 tvN）についても朝日新聞のインタビューに答えています。残念ながら本書には収録できなかったのですが、読んでいただけるとうれしいです(記者が「」でまとめたかたちのショートバージョンと一問一答形式のロングバージョンがありますが、ロングバージョンをおすすめ。https://digital.asahi.com/articles/DA3S14542119.html 有料記事。朝日デジタル二〇二〇年七月八日)。

#音楽と社会　#歴史観

韓国の音楽とアイデンティティ

ハン・トンヒョン

（『STUDIO VOICE』VOL.413　二〇一八年九月「いまアジアから生まれる音楽」）

アイデンティティとは、ひとことで言うと「自分が誰であるか」ということだ。でも人は社会的な存在だから、「自分が誰であるか」は、常に社会での位置づけによって、社会との関係によって決まってくる。裏返すと、自分自身、つまり自己とは絶対的なものではなく、他者との関係の中に、自己と他者を含む社会との関係の中に存在する。アイデンティティという問いは、常に他者との関係のもとにある。他者なきところに、アイデンティティという問いも答えもない。それは、鏡がないと自分自身の姿を見ることができないのと同じだ。

日米という巨大な存在

韓国の近代化とその後の歩みは、その歴史的経緯や地政学的な位置から、日本とアメリカという大国の存在を抜きにして語ることはできない。韓国の大衆音楽はそういう意味で、常に「他者」の存在と隣りあわせだった。そしてそのような状況のもとで、今のK－POPであるならその「K」に当たる部分、自らのアイデンティティを作りあげてきた。

一九四五年八月、朝鮮半島は三五年間におよぶ日本の植民地支配から解放されたが、北緯三八度線を境に北部をソ連軍、南部をアメリカ軍が、分割占領することになった。東西冷戦の最前線となったこの地で、解放された朝鮮民族の統一国家建設への夢は破れ、一九四八年、南に大韓民国、北には朝鮮民主主義人民共和国が建国される。

こうして建国された韓国にとっての課題は、コンプレックスと憧憬にまみれた植民地支配の後遺症と闘うことだった。一方で、米軍政期と朝鮮戦争を経て、東西冷戦の最前線として多くの米軍基地を抱え、政治的、文化的にアメリカの多大な影響下におかれることとなる。

以下、金成玟著『K-POP――新感覚のメディア』(岩波新書)に沿って素描すると、韓国の大衆音楽にとって一九八〇年代末までは、日米のサウンドやシステムをどんどん模倣して取り入れる時期だった。だが一九八八年のソウル五輪を前後して、経済成長と民主化、国際化へと社会が大きな変化を迎える中、韓国の音楽界は、日本とアメリカという他者のサウンドやシステムを模倣する側から、模倣を超えた積極的な混淆と変奏を通じて自己の音楽を創出する側へと向かう。こうしてJ-POPとアメリカン・ポップの影響を受けつつも、独自の「K」をにおわせる感覚が生まれ始めた。

このように、日米のポピュラー音楽との関係を再構築することで現在のK-POPが誕生したと言える。とはいえ、そもそもK-POPという言葉自体、自己を規定するためにつくられたJ－POPの相対概念として、日本で他者を規定するための言葉として生まれたものだ。

「日本のポピュラー音楽は自らをJ－POPと規定したときから、Jの世界の秩序と感覚を原動力とするようになった。それに対してK－POPは、他者によって規定されたそのときから、『K』をめぐるあらゆる境界と秩序を解体し続けることを原動力にしたといえる」（前掲書）。

他者と向き合い格闘

私は、模倣して取り入れる側だったと金が指摘する一九八〇年代までの時期のものであっても、いいものは他者からどんどん取り入れ、盛って盛って盛りまくることによるオリジナリティを生み出していたように思う。一九七〇年代に頂点を迎えた韓国サイケデリック・ロックはその最たるものだ（この辺は、申鉉準ほか著『韓国ポップのアルケオロジー――一九六〇－一九七〇年代』〈月曜社〉に詳しい）。大韓ロックとも呼ばれるこれらの音源は、レアグルーヴとして韓国国内はもちろん、日本をはじめ世界中にマニアやファンが多い。

一九九〇年代にはアメリカのラップとヒップホップを吸収し、J－POPの影響を相対化してそこから脱却しつつ、独自の洗練によって金が指摘するところのオリジナリティとしての「K」の感覚を手に入れる。さらにシステムやビジネスの手法の面でも主に日米から学び取り入れながら、新たな時代に合わせて積極的に展開することで確立されたK－POPが、二〇〇〇年代に入って日本をはじめ世界中で成功をおさめ、定着するまでの地位を築いていることは周知の事実だろう。

他者依存から抜け出すために他者を貪欲に取り入れ活用し、他者による規定を自己解体しながらすり抜け、洗練を重ねていく。韓国の大衆音楽～K－POPは常に他者と向きあいながら、アイデンティティを作りあげ、それを更新してきた。アイデンティティの獲得とはすなわち自己相対化であり、そのプロセスは他者との格闘に他ならない。個々のアーティストにとって音楽が自己表現なのだとしたら、韓国でのそれは自意識に拘泥し自閉した自己表現ではなく、他者を前提とし開かれた自己表現になっているのではないだろうか。

当たり前のことかもしれないが、表現は受け手があってこそのものである。音楽をビジネスだと考えれば、それはなおさらだろう。聴いてくれて、買ってくれなければ、音楽（ビジネス）は成立しない。マーケティングといったビジネスの手法の部分ではなく、音楽そのものでオーディエンスを惹きつけようとするならば、他者を前提とした表現がより力を持つのは必然だろう。

自己を見つめ相対化

ボーイズ・グループＢＴＳが幅広い人種や民族、国籍の若者に熱狂的に受け入れられアメリカでメジャーな人気を獲得し、インディーズの女性アーティスト、イ・ランが日本の繊細で敏感なアンテナを持つ人々の支持と共感を集めているのも、おそらくこうしたことと無縁ではない。（＊１）

ここで、ＢＴＳとイ・ランを並置することを意外に思う人もいるかもしれない。しかし、内省しつつも世の中に存在する境界を意識し、それを自由に越えて行こうとするイ・ランの音楽と言葉もまた、他者が前提とされているものとしてのアイデンティティの表出、世界観の提示だ。以前、私が行ったインタビューでイ・ランは次のように話している。

> 私は、伝えるためにどのような方法を取るかということを常に考え、頭を悩ませている。わかりやすく伝えて簡単に共感してもらえるような方法もあれば、少し戸惑いやよそよそしさがあるような感じに作って、なぜそうなの

かを考えさせるようにする方法もある。また問いかけるような方法で作るときもあるし、気楽な感じだったり、逆にあえて少し攻撃的な方法を取る場合もある。私が生産した何かを見たり聞いたりした場合に、その前と後で、必ず何らかの変化があってほしいと思っている。(「私は『生産業者』。様々な方法で作り、一〇〇人、一，〇〇〇人の人に変化を起こすのが仕事」

イ・ラン インタビュー〈下〉Yahoo!ニュース個人 二〇一八年二月一三日)

他者の存在を前提にするということは、社会を意識するということだ。この社会の一員として、他者と向き合い、自己を見つめること。自己相対化をともなうものとしてのアイデンティティ。だから、他者に開かれていて、風通しがいい。グローバリゼーションの時代、韓国の音楽が注目を集めているのだとしたら、ここに鍵があるのかもしれない。

＊1　本稿執筆後の二〇一八年八月二四日、BTSのリパッケージアルバム『LOVE YOURSELF 結 'Answer'』がリリースされた。リード曲『IDOL』の歌い出しは「You can call me artist, You can call me idol 아님 어떤 다른 뭐라 해도（他のどんな呼び方でも）I don't care」「I'm proud of it, 난 자유롭네（俺は自由）」。今や完全に世界標準のポップ・ミュージックにおけるメインストリームとして勝負する彼らが、曲にも振付にもMVのビジュアルにも韓国的な要素を取り入れながら「얼쑤 좋다 지화자 좋다（＊パンソリなどの伝統音楽で用いられるかけ声）You can't stop me lovin' myself」と繰り返し、自己相対化の先にある自らのアイデンティティと自信を世界に向けてポジティブに、多幸感とともに見せつけるような曲だった。またそうでありながらも、韓国ではない非欧米圏のどこかの音楽にも感じられるようなその巧みさに、やはり「開かれていて風通しがいい」という印象を強くもった。

#ポリティカル・コレクトネス

権力に切り込む韓国映画、権力を取り込む日本映画

西森路代＋ハン・トンヒョン

（wezzy　二〇一八年九月一六日）

2018年に日本で公開され、ロングランのヒットとなった韓国映画『タクシー運転手　約束は海を越えて』（以下『タクシー運転手』）は、1980年の光州事件を扱った作品であり、韓国の近過去の史実の過酷さに衝撃を受けた日本の観客も多く見られました。この作品に顕著な社会や政治への眼差しと手加減のない「悪」の描き方など、近年の韓国映画に見られる傾向とその背景について、ふたりが語り合います。4回目の対談（全2回）の前編です。

現代の韓国映画の作家性とは

西森　去年は、パク・チャヌク監督の『お嬢さん』を主軸に対談をしましたが、今年は『タクシー運転手』をはじめとして、たくさんの韓国映画が日本で公開されて話題になっていますので、どれか一作というのではなく、いろいろな話をしたいと思っています。

『タクシー運転手』のチャン・フン監督は、キム・ギドク監督の助監督をしていたんですよね。ちょっとギドクとも違う作風だと思いますが。最近の韓国映画の作家性をどう思いますか？

ハン　韓国映画で、作家性で見るというか、監督を追うかたちで見ているのは、ベタだけどパク・チャヌクとポン・ジュノ、あと全然違うところでホン・サンスくらいかな。別にウォッチャーってわけじゃないし、まあ単に好きな監督ってことになってしまった（笑）。

西森　パク・チャヌクやポン・ジュノって、今活躍している監督よりも一世代も二世代も上で、ずっと第一線でやっている人ですよね。チャン・フン監督は、韓国映画が盛り返した二〇一〇年代あたりに出て来た人。初めて知ったのは、ソ・ジソブとカン・ジファンが主演の『映画は映画だ』（二〇〇八年）でした。韓国映画が韓流スターの人気だけに頼っていた時期は、韓国映画が低迷していた時期と重なっています。その後、ファン・ジョンミン、イ・ジョンジェなどの、ドラマにも出ていたけれど、でも何か韓流スターとも言いがたい……という人が映画スターとして地位を確立し出したときから韓国映画も復活したように思うんですよね。もちろん『新しき世界』（二〇一三年）のことなんですけども。そこからまた五年になろうとしていますが、最近ヒットする映画ってあの頃ともまた違ってきましたよね。

ハン　誰が作っても同じ、と言うと語弊があるかもしれないけど、監督より企画が大事になっているような気がします。ハリウッドみたい？

西森　企画がよくて、上手い人が監督をするといい映画になる印象ですね。

ハン　『トガニ　幼き瞳の告発』（二〇一一年）のファン・ドンヒョク監督とか？

西森　ファン・ドンヒョクは社会派の『トガニ』のあとに、アジア中でリメイク作品ができるくらいの普遍的な枠組みを作った『怪しい彼女』（二〇一四年）、時代劇の『天命の城』（二〇一七年）と、器用にいろいろな分野の映画を撮っていますよね。

ハン　『怪しい彼女』も、ベースに高齢化問題といった社会性はありますよね。『天命の城』も、結果的にそうなったのかもしれないけど、特に公開された頃の中韓関係に重ねて問いかけるような内容になっている。ジャンルはまったく違うし描き方も違うけど、それぞれ、そのときどきの問題を扱っているように思います。そこがファン・ドンヒョク監督の作家性なのかも。

西森　確かに。最近の監督の中では作家性がある人かもしれないですね。ファン・ドンヒョクの作家性は、一作一作の雰囲気が似ているとか映像に特徴があるというのではなく、取り上げるテーマについて、とことん考え抜いて、構造を見出しているというところだと思います。だから、何を撮っても面白いし、さっき器用とは言ったけど、単に器用なだけとも思えない。

悪を悪として描かない映画はヒットしなくなった

西森　あと韓国の、ものすごく大きな規模の企画を、新人で見どころのある三〇代くらいの監督が撮る感じは、日本ではないことだと思います。もちろん社会的な視線がないと作れないと思いますが。

ハン　なるほど。

西森　そのあたりの意識は日本よりも強いと思います。

ハン　日本にきている作品を見る限りはそうですよね。ところで二〇一六年の『アシュラ』は、日本では人気があったけど韓国ではそこまで振るいませんでした。韓国では、ヤクザに社会の悪や暴力性を託して描く時代は終わっているのかも。たぶん、「本物の悪」を直接描けるようになったからじゃないかな。

西森　今日はそこを一番話したかったんですよ。今年の五月に白石和彌監督の『孤狼の血』（二〇一八年）が公開されたじゃないですか。あの映画は、一九八〇年代後半の広島を舞台にしたヤクザ映画で、腐敗した警察組織を描いています。ネタバレになっちゃうから詳しくは話せないんだけど、『孤狼の血』を観ていて改めて、日本って組織が腐敗していること自体は描けても、『タクシー運転手』や『1987、ある闘いの真実』（二〇一七年、以下『1987』）みたいに、過去にあった出来事や政権の批判は描けないんだなって思ったんです。

ハン　でも、『孤狼の血』はそもそも政権を批判するような映画じゃないんでしょ？

西森　まあそうなんですけど……日本の映画って「個人vs個人」とか「どっちもどっちだよね」っ

てところで落ち着かせることがほとんどだと思うんですね。『孤狼の血』に限らず。腐敗した権力を変えることはできなくても、権力側をうまく取り込もうとしたり、あるいは権力側がうまく悪を取り込んでコントロールしたり。『検察側の罪人』（二〇一八年）にもそういうところがありました。

ハン　韓国映画でいうと『悪いやつら』（二〇一二年）とか『新しき世界』みたいな話だよね。ああいう話はもう韓国じゃ人気がない。

西森　韓国は悪をはっきりと悪として描くようになっていますよね。『検察側の悪人』は、キムタク版の『新しき世界』かも。まあ、主人公がどういう風に正義とか罪について考えているかはまったく別ですけども。『検察側の罪人』は、木村拓哉と二宮和也というふたりの俳優が演じる検事が、お互いに正反対の「正義」を信じて行動していて、最終的には、どっちの「正義」がおかしなものかってことは、わかるんですね。でも映画宣伝や公開後の感想を見て、「どっちもどっちの正義がある」と、曖昧にしたがる人が多いことを感じました。善悪をはっきりさせることを怖がっているというか。

ハン　『ザ・キング』（二〇一七年）も、成り上がるために権力に寄り添った検事が最終的にダメになるって話で、腐敗した権力構造から民主主義への変化を、観客に問い、選択を突きつけるような映画でした。

西森　『ザ・キング』を見ていると、検察にどんな権力があるのかがわかるので、『検察側の罪人』を見るときに役立ちます。さっきも言ったように、日本は、正義と悪をきっちり描かないで、どっちもどっちで終わらせちゃうんですね。この『ザ・

キング』の日本公開時のキャッチコピーが「プライドを捨てろ!権力に寄り添え!」っていうのは象徴的だと思いました。このコピーってある場面までは映画の正しい解釈を表現しているんですけど、最後まで見ると違うわけじゃないですか。わたしは、『ザ・キング』は権力にとことん一体化してみた経験があったからこそ権力の怖さが見えるところがいいと思いますが。だから、このコピーを最後まで考えたら、「プライドを捨てろ!権力に寄り添え!その結果権力を使って正義をつかみ取れ!」なわけで。でも、力や悪には、寄り添ったり、うまくつきあうということの方が、日本的なフィクションとして受け入れやすいということがあるんだなと、遠目で見ていました。同じ配給会社が、ナチスによる大量虐殺はなかったと主張するホロコースト否定論者とユダヤ人歴史学者を描いた（原題：DENIAL）という映画に『否定と肯定』（二〇一六年）という、これまたどっちもどっちと言えるタイトルをつけて問題視されていました。どっちも選べない、みたいな気持ちはわかるんですけど、だからと言って、ホロコースト否定論者を「どっちもどっち」としてしまうようなことは本当にやめてほしいなと。

ハン　まあそれは本当によくないと思います。しかし、日本的なフィクションねぇ……。そういえば一部かもしれないけど日本の観客は『アシュラ』とか『不汗党《プランダン》』（日本公開時のタイトルは『名もなき野良犬の輪舞』、二〇一七年）とか大好きだもんね。『不汗党』は完全なファンタジーで、極端な話、日本のオタク向けに作っているとしか思えない（笑）。

西森　ただ、今や世界中にこのジャンルのファンはいるんですよ。愛情の話だって監督も言っているし。

ハン　なるほど。だから韓国にも熱狂的なファンがいるけど、たぶん暴力映画としては見ていないんですよね。オタク気質のある女の子が見る、ひとつのジャンルになっているというか。

西森　今はもう、韓国では、五〇〇万人以上がみるほどのノワールは少なくなりましたね。政治が描かれてないといけないし、政治を描いても『ザ・キング』がぎりぎり五〇〇万人。まあ、二〇一七年上半期は、大統領選とかと重なって、映画が観られていなかった時期なんですけど。そういう意味では、『ザ・キング』は、その後の、政治映画ブームの先駆けかもしれません。歴史も駆け足でおさらいすることもできますしね。

ハン　韓国でみんなが観に行くほどヒットした、悪を悪として描かない映画は『新しき世界』が最後だったのかもしれないってことか。日本はそこで止まっているってこと？　『アシュラ』や『不汗党』の暴力や女性の描き方は、韓国のメインストリームにおいてはもはや古くて現代的ではないのだけど、特に日本では、だからこそ完全にファンタジーとして消費されているような気がします。日本にはそういうリテラシーが高い層が多いので。たぶん。

西森　ブロマンスとかに対してのリテラシーという意味ですね。さっきも言ったように世界中で増えてはいますが、それはわかります。

『タクシー運転手』がヒットした理由

西森　『光州5・18』（二〇〇七年）が公開されたとき、すでに韓流の仕事をしていて、いろんな資料も読んでいたのに、今『タクシー運転手』に感じるような関心をもっていなかったんですよね。今は、韓国の政治に興味もあるし、違う国の話だけど、日本では描けないことを韓国映画がやっている気がするようになりました。

ハン　羨ましい感じですか。

西森　そうですね。

ハン　でも羨ましいと言われると、違和感あるな。日本には、たとえ与えられたものであったとしても民主主義があって、たとえば『タクシー運転手』が題材にしている「光州事件」が象徴的だけど、あからさまにあそこまで弾圧され人が殺されることはなかった。だからこそ韓国映画は、理不尽な暴力が横行した歴史を繰り返し描いて、社会で共有して乗り越えようとしている。あとまあ、映画だけの話じゃないですからね。たとえばソウルにある大韓民国歴史博物館って現代史の博物館に行ったときに、すごいなあと思ったのが、政権によって教科書の中身がどう変わってきたのかを展示していたんです。「光州事件」は、軍事政権時代だと教科書には「北の陰謀だ」って書かれていたのが、時代とともに変化して今では「民主化運動」と記述されている。そういう社会的コンセンサスのもとに映画があるというか。

西森　でも日本を考えると、この先がどうなるかがわからないし、教育に対する不安なんかもあります。過去から現在においては、「どうせ変わらない」みたいなあきらめが前提にある気もするし。韓国は変わっていったのを見ているから物語としても描ける、というか……。もちろん、歴史的な状況が違うのだから、単純に羨ましいというのは違うというのはわかるんですけど、日本を見ていると、自分たちの意思で何ひとつ乗り越えたことがないという感じがあるし、もし何かしらの問題があっても、なかなか物事の中枢にたどり着けないということは、今後は結構重要なことになってくると思うんです。

朝ドラの『カーネーション』(NHK　二〇一一年)の渡辺あやさんが脚本を務めた、京都発地域ドラマ『ワンダーウォール』(NHK　二〇一八年)という作品が、大学の学生寮の取り壊しをテーマに、大学と学生の交渉を描いているんです。大学生は学生寮の取り壊しに反対していて、大学側にそれを伝えようとするんですけど、学生課の担当に訴えても、それは非正規雇用の人だし、それ以上の向こう側の上層部にはまったく伝わらなくて。学生課のアクリルの壁、まったく強度のない壁なのに、その向こうには絶対にいけない感じが見えました。それこそ、何と闘ってるのかわからないけど、でも闘わないと何かが崩れてしまうというような気持ちが描かれていて。その何と闘っているのかわからないし、背景にある構造がうやむやにされている感じが、まさに日本を象徴していると思ってしまって。韓国ではちゃんと問題の中枢にちゃんとたどり着いて、状況を打破した結果が描けることが羨ましいということなんです。

ハン　確かに、日本で『タクシー運転手』について、「こういう作品が作れて羨ましい」ってコメントしている人はよく見ました。でもこの映画も企画、制作は、「文化人ブラックリスト」なんて密かに作って政権批判につながるような映画を作らせないようにしていた保守派の朴槿恵《パク・クネ》政権の頃に始まっていて、映画作り自体が闘いでもあるようなところがあったと思うんですけどね。しかも完成から公開の時期がろうそく革命（二〇一六〜二〇一七年）、政権交代に重なって、ある意味「時代の映画」になった。とはいえ特に日本でヒットした理由を考えてみると、それだけじゃないと思う。あの映画はうまくできているんですよね、「巻き込まれ系」になっていて。

西森　まったく歴史を知らない人であっても共感しやすくなっていましたね。

ハン　そうそう。韓国でも一九八〇年の光州事件はもう歴史的な出来事になっていて、若い人にはそこまで馴染みがない。チャン・フン監督も実はよく知らなかったって言っていました。事件が起きた当時は光州市が封鎖されていたから、光州市民以外の韓国人が事件の真相を知ったのは、事件が起きてから一〇年後とか二〇年後。今では広く知られるようになった事件ですけど、それでも朴槿恵政権なんかのときはあまり言いたがらなかったりする。『タクシー運転手』は、「ブラックリスト」にも載せられていたソン・ガンホ演じるソウルのタクシー運転手、ノンポリのキム・マンソプが、光州に取材に向かう海外のジャーナリストを客として乗せたことをきっかけに、事件に巻き込まれていくという物語。光州で起きていることを目撃し、放っておけなくなる主人公をよそ者として設定することで、観客が追体験しやすい構造になっている。日本でヒットした理由のひとつだと思います。

西森　『マッドマックス　怒りのデス・ロード』（二〇一五年、以下『マッドマックス』）みたいですよね。行って戻って来るし。ソン・ガンホって映画『弁護人』（二〇一三年）とかを見ても、地位も高くて自分の努力で闘える役をやってきた俳優ですよね。自分の努力で力を身につけて闘う話は大好きなので。『ザ・キング』もそうなんですけど。

ハン　持てるものを惜しみなく正義に捧げるみたいなタイプのキャラは多いですね。

西森　そうですね。だからソン・ガンホが『弁護人』のあとに、巻き込まれるただの市民をやるっていうのも新鮮で。

ハン　『タクシー運転手』は韓国映画のあらゆる要素が盛り込まれているという意味でもよくできた映画だと思います。ホロッとするような人情もあるし、アクション、カーチェイス、一斉射撃や追跡シーンの演出なんかはホラーっぽくもある。ないのは恋愛だけ。とはいえ日本でも一部にあるようだけど、韓国ではカーチェイスのシーンには批判もあるんですけどね。

西森　エンタメっぽ過ぎる、ということですか。

ハン　実際にあった、しかも民間人が自分の国の軍隊に虐殺された事件ですからね。でもそういう批判をする韓国人だってみんな見ているわけですが。あと日本で受け入れられる上で、カーチェイスがあったのは、わたしはすごくよかったと思います。カーチェイスって、娯楽映画好きの人の大好物じゃないですか。『タクシー運転手』は、実際の事件の評価を歪めない範囲で、そこには抵触しないようなかたちで、フィクションを盛り込んでいる。そのバランスがとてもいい。

西森　フィクションで描くことのよさがありますよね。『タクシー運転手』を見始めたときは、結構保守的な感じがしたんですよ。そしたら、中盤になるにつれ正義の話になって、最終的にはちょうどいいところに落ち着いていた。前半は、身近な家族のため、みたいなことが優先で、後半は、もっと大きなもの、正義が優先なんだけど、映画って、身近なもの、小さな物語と、正義とか大きな物語って対立するものだけど、この映画は、家族も正義も重要で、でも英雄が主人公でもないというのが新しいなと思いました。でも、実話の描き方って、解釈が重要ですよね。

ハン　日本だと最近、実在の監禁事件（二〇一四年の朝霞市女子中学生監禁事件）を思わせる『幸色のワンルーム』（朝日放送　二〇一八年）が問題になったけど、あれは事件そのものの評価にかかわる可能性があったから駄目なんですよ。フィクションはノンフィクションじゃないから、何らかの脚色は必要だけど、物事の本質を変えてしまってはいけません。『タクシー運転手』は、光州事件における尊い犠牲とその意味を、誠実に扱っているのがすごくよくわかるんですよ。

実際の事件をフィクションで描く／描けるということ

ハン　一方でわたしは、その七年後の「六月民主化抗争」を扱った『１９８７』についてどう評価していいのかまだ迷っていて……。ひとつのクライマックスの、催涙弾が当たってデモ中の大学生が倒れるシーンありますよね？

西森　新聞に載った写真ですね。

ハン　そう。『1987』で描いている事件といえば、あの写真。ものすごく有名な写真です。それが映像で忠実に再現されていました。避けられないシーンではあるんだろうけど、生々し過ぎてわたしは直視することができなかった。このとき亡くなり、その後の民主化運動の広がりの象徴的な存在となったその大学生、イ・ハニョルを演じたのは、朴槿恵政権下でこのような映画を作ることが難しい時期だったにもかかわらず、自ら出演を志願したというカン・ドンウォンなんですが、パンフレットや宣伝素材に、彼の写真は載っていません。

西森　それだけセンシティブなんですね。

ハン　実在した人物ですし、ご遺族もいらっしゃいます。だから、ものすごく誠実に作られているんだろうけど、自分自身、日本で暮らしていたけどやっぱり当時大学生でわりと記憶に新しい時代の出来事だからか、どう受け止めていいのかがわからなくて……。当時の政権下で行われていた民主化運動参加者への拷問の様子も生々しく描かれています。うっすらと恋愛要素もあるけど、エンタメと取られないようにとても慎重です。なんというか、わたしにとってこの作品はカン・ドンウォンが演じる大学生の表情とか存在感がすべてというか、ひたすら胸が痛くて。そういう意味で、尊い犠牲と向き合うしんどさなのかもしれません。わたしもよそ者ですからね。

西森　光州事件はもう描いても大丈夫な時期にきているということですか？

ハン　そう言い切っていいのかどうかわからないけど、でもたぶんそうなんだろうと思います。繰り返し描かれているから、エンタメ要素もバランスよく盛り込んだ『タクシー運転手』のような作品も出てきた。他に光州事件を描いているものだと、『ペパーミント・キャンディー』（一九九八年）は観ました？

西森　観ました。でもまったく予備知識を入れてなかったのと、年代によっての主人公の変化が歴史的事実とリンクしているってわからなくて、光州事件を描いてるってわからなかったんですよね。だから、もう一回観ないといけないなと。

ハン　韓国では誰が見ても光州事件だってわかるんですが……。でも『ペパーミント・キャンディー』が作られた九〇年代後半は、ああいう描き方になった。民主化への過渡期の頃ですね。

西森　わたしが、日本的な見方というか、かつての考え方のままで観ると、主人公の私小説的なというか、心理的変化だけの話に思えてしまったんですよね。でも、そこに社会的な背景が重なっていたと考えると、また胸が痛い話になるというか。ハンさんが「ああいう描き方」と言ってるってことは、やっぱりものすごく間接的に描いているんですよね。それって、今の韓国映画ではできているような、直接的な描き方ができなかったということなんですね。

ハン　観たことがない人のために簡単にあらすじを説明しますね。ソル・ギョング演じる心優しく純粋な青年、ヨンホは兵役中、鎮圧軍として投入された光州市内で、間違って撃った銃弾で若い女性を死なせてしまいます。その後は運動家を拷問するような警察官を経て、金のためなら汚いことも平気で行う事業家となりますが、結婚した妻に対しても暴力をふるうようなひどい夫で、やがて落ちぶれていく。この映画、あの主人公は、光州のトラウマとしての韓国の現代史そのものなんですよ。名作です。

西森　解説なしでその背景を察することができていませんでしたね。あとで知った話ですが、『息もできない』（二〇〇八年）の父親も戦争の傷によって暴力的になったと聞きました。韓国では、見たらその背景がわかるという。ベトナム戦争にいった軍人がＰＴＳＤで苦しむ話に近いんですね。

ハン　同じ国の人を理由もわからず殺してしまっているわけで、もっと酷いと言えるかもしれません。

西森　そこは『タクシー運転手』を観たときにわかりました。同じ国の中で国民が国民に銃を向けないといけないって、どんだけ酷い状況なのかと。

ハン　ひとりの主人公に焦点を当てた話か群像劇かの違いはあるけれど、『タクシー運転手』と『1987』は、韓国の、現代史のトラウマとも言えるような悪、嘘にまみれためちゃくちゃな理屈で理不尽に人が殺されている様を目撃して知ってしまった人が、放っておくことができずに正義のために動く話という意味で共通点がある。かつてなら『ペパーミント・キャンディー』のように、そこに翻弄されて同調したり狂ったりする人が描かれた。当時はそこを描くしかなかった。

　でも『タクシー運転手』の主人公は基本的には他者で、偶然巻き込まれて、そしてそこからまた去っていく『マッドマックス』のマックス的な、寅さん的な位置づけ。それは韓国でも若い世代を巻き込むための、またそのとき光州にいなかったという引け目、誠実さからの仕掛けだったのだろうけど、だからこそ日本人も共感的に見ることができたわけです。また誠実なかたちでエンターテインメント性が取り込まれていたことが、日本でヒットする要因にもなったのだと思います。

一方で『１９８７』は、社会が変わるかどうかはわからないけど、知ってしまったら、おかしいと感じたら、放っておくことができない、力はなくても、そのひとりとして、主体になる、という道義的責任を正面から描いています。ハ・ジョンウ演じる検事は、組織内でないがしろにはされているけど自分の使える「力」を使う。記者たちも、そして看守も、みな自分の立場でできることをする。カン・ドンウォンとキム・テリ演じる大学生は、学生だから何ももっていない、でも自分の問題として主体になる、ならざるを得ない。で、そういうたくさんの「ふつうの人」たちがいたから今があるという話です。故人である実在の人物を軸に、そこをまっすぐに描く。そりゃ事件を知る観客は、胸の痛みを伴うしかないよね。必然的にエンターテインメント性は盛り込みづらいし、日本で広く共感されヒットするのは難しいかもしれないけど、見る価値はある作品だと思います。その際、なんというか、よそ者としてのわきまえというか、これは韓国の民主化運動について研究しているある先生が言っていたことでもあるんですが、尊い闘いやそこでの犠牲へのリスペクトをもって観てもらいたいなと。

日本で、政権批判をする映画が生まれないのはなぜ？

ハン　つまり『タクシー運転手』は、こう言ってよければ、韓国が「光州事件」をエンタメもまじえて描ける時代になったってことでもあるんだと思います。

西森　『光州5・18』を映画化したときはどうだったんでしょうか。

ハン　公開されたのは二〇〇七年です。一九八七年に軍事独裁の時代が終わり、一九九八年までが民主化への過渡期で、二〇〇八年までが金大中《キム・デジュン》、盧武鉉《ノ・ムヒョン》という最初の進歩派政権の時代。『光州5・18』はこの時期の作品ですね。ちなみにそのあと、二〇〇八年から李明博《イ・ミョンバク》、朴槿恵の保守政権の時期を経て、二〇一七年から現在の文在寅《ムン・ジェイン》、再びの進歩派政権の時代です。

西森　そのときは光州事件を描きやすい時代だったってことですか？

ハン　そうそう。だから『光州5・18』は「光州事件を描けるぞ」ってなって、ふつうに、直接的に描いている。『タクシー運転手』のようなエンタメ要素はないけど、事件を知るという意味ではよくできている映画です。

西森　そう考えると、ここ十年くらいの韓国映画の洗練と、政権の変化が融合したのが『タクシー運転手』だったんですね。どっちかが欠けていたらできなかった。

ハン　そうですね。歴史的な事実を、ある程度の距離をとって扱えるようになったってことかもしれません。もちろんそれは批判されるポイントになったりもするんだけど……。でもわたしは評価しています。ただ繰り返しになりますが、一九八七年の出来事はまだ微妙なように思うんですよね。でも、その志はリスペクトしています。心から。

西森　真剣に描く以上のことはできないと。わたしは知らないことがいっぱいあって、驚きながら観ていました。あと『タクシー運転手』と『1987』を続けて観ると、光州事件から七年ずっとこういう状態が続いていたんだ、とも思えて。

ハン まあそりゃそうだろうというか……。一九八〇年に光州事件の鎮圧を指揮した全斗煥《チョン・ドファン》が大統領になって軍事独裁の時代が続いたわけで。映画から韓国の現代史に興味をもった人には、『韓国映画で学ぶ韓国の社会と歴史』（キネマ旬報社）がよくできているのでおすすめです。

――今の政権が変わったらまた作れなくなるという可能性はあると思いますか？

ハン あるとは思いますけど……、さすがにそこまで戻らないんじゃないかなあ。

西森 今年の南北首脳会談をみると、今のところはそんな気がしますね。

ハン 先ほども言ったように、二〇〇八年から二〇一六年が保守政権で、『国際市場で逢いましょう』（二〇一四年）とか『オペレーション・クロマイト』（二〇一六年）みたいな保守的な映画が作られていて、その前の約一〇年間の進歩派政権時代に、『JSA』（二〇〇〇年）などが作られていますね。

西森 『国際市場』も『オペレーション・クロマイト』も比較的保守的な映画の多かったCJの映画で、国内でも批判もあったわけですよね。戦争を賛美しているのではないかという意見なんかもあって。でも、『1987』を作ったときに、ついにこっちの映画をCJが作るんだと思いました。

ハン CJは保守政権のときに、『ベテラン』（二〇一五年）みたいな財閥を批判するような映画を作っていますよね。当時は、大統領より財閥の方が酷いって空気でしたし。ガス抜きと言われもしたけれど。

西森　あの頃は、現実にもそういう問題があったときで、「ナッツ姫」の騒動（二〇一四年）があったりもして。でも、財閥批判をエンタメとして描けたからこそ、政権批判もうまく描けたのかもしれないし、ナッツ姫騒動の先には、あからさまではないけど、政治に対する不信もあったわけで、そういうものを描くベースはこの頃にもできたんじゃないかと。そのあとの、『インサイダーズ／内部者たち』（二〇一五年）も、リアルな政治批判ではないけれど、何となく現実と続いているような政治批判が描かれてて。でも、まだこの頃は、リアルの政治は描かないんですよね。

ハン　今ちょうど日本にその手の映画がバンバンきていて何となく盛り上がっているから現地と若干のタイムラグがあるのだけど、こういうのもそろそろ終わりなのかもしれないというか、今はもっと抽象的な映画が増えてきているような印象です。押井守監督のアニメーション映画『人狼』（一九九九年）が、南北統一へのプロジェクトが始まった近未来という設定で実写化（『人狼』二〇一八年）されたけど、韓国もどこかオタク化しているのかも？

西森　流行るんですかね？

ハン　うーん、ぶっちゃけあまりうまくいかない気がする。

西森　韓国って、流行らない企画は精査して、なくなっていく気がするんですけど、続いていくんですかね。

ハン　どうだろう。「なんとか2」みたいな映画も増えていますよね。

西森　『神と共に』（二〇一七年）ですよね。今まで、映画でパート2が作られたものなんで『公共の敵』（二〇〇八年）くらいしか思い浮かばない韓国で――いや、探せばもっとあるのかもしれないけど――それはすごい変化ですよね。しかも、キャラクターものの映画の少なかった韓国で、『神と共に』は、冥土の使いとかが出て来るファンタジー。ドラマでは『トッケビ』も含めて、冥土ものって結構あったので、ヒットする素地はあったにせよ、政治、リアリティーが優勢だった韓国でのこの変化は結構気になりますね。今度、対談をしたときにはどうなっているのか。

ハン　『人狼』みたいな南北モノも、現実の動きの方が早過ぎだし。もしかすると、微妙な時期に企画しちゃったなって思ったりしているかもしれません（笑）。『鋼鉄の雨』（二〇一七年）もギリギリでしたよね。韓国公開は間に合ったけど、日本では……。関心をもたれるという意味では、タイミングがよかったとも言えるのかもしれないけど。

西森　現実の方が斜め上を行っている。みんな予想できていたんですかね？

ハン　ここまで進むとは予想してなかったと思う。『鋼鉄の雨』はヤン・ウソク監督が十年くらい前に描いた漫画が原作ですから。あの頃は、政権も違うし、思えばそれこそつい一年くらい前までは戦争になるかもしれないっていう雰囲気でしたよね。

西森　そう考えると韓国はすごいですねえ。すごい勢いで変わってる。

ハン　もし、日本にとって韓国のような、西森さんの言うところのかつての負の歴史を描くことで政権批判をするようなスタイルが可能だとしたら、過去のアジア侵略や戦争の加害責任を描くことかな……。国としてはかつて間違ったことをやったけど反省して今は断ち切ったし断ち切りたい歴史という構造は共通すると言いたいけど、現実的には全然そうなっていないんだよね。わたしが不勉強なだけでもっとあるのかもしれないけど、実際には被害ばかり描かれるし、加害もそのようには描かれませんから。いや、なくはないんだけど……。まあ勝手なことを言っているのはわかっていますが、期待を込めて。

（構成：カネコアキラ）

追記

ハンさんが最後に言った「日本にとって韓国のような、西森さんの言うところのかつての負の歴史、政権批判をするようなスタイルが可能だとしたら、過去のアジア侵略や戦争の加害責任を描くことかな」ということは、2020年の『スパイの妻』が、一応それになるのかなと思いました。この対談は、2020年に読むと、いろいろ納得がいくところがたくさんありました。（西森）

そうですね。今ここから自分なりのやり方であの時代にアプローチするという意味で、韓国人男性のパク・チャヌクが『お嬢さん』を作ったのだとしたら、日本人男性の黒沢清は『スパイの妻』を作ったのかな、とちょっと思ったりしました。日本映画がこの時代を描くことは、というかその描き方には、まだまだ可能性があると思っています（なんて、わたしなんかがえらそうに言うまでもないことでしょうが）。（ハン）

政治 # ジェンダー

自意識・実存から食うことへ 敵の見えない世の中を変えていくには…

西森路代＋ハン・トンヒョン

（wezzy 二〇一八年九月一六日）

映画における悪の描かれ方について語り合う対談の後編。前編で言及した韓国映画『タクシー運転手　約束は海を越えて』（2017 年、以下『タクシー運転手』）などに比べ、日本映画にはあからさまな権力批判や過去の自国の汚点を暴く作品は少ないように思われますが、ドラマの世界では「どっちもどっち」の境地から踏み出した作品も見られるようです。話はさらに、ドキュメンタリー作品の役割や可能性、新しい「恋愛もの」のあり方、ロスジェネ論などにも発展してゆきます。

勝手に自主規制の国・日本

西森　韓国のろうあ者福祉施設で実際に起こった入所児童に対する性的虐待を描いた小説を原作に作られた『トガニ 幼き瞳の告発』（二〇一一年）を観ると、よく自分の国の知られたくないだろう事実をあんなにちゃんと真摯に描けるなって思いますし、その表現がなぜできるんだろうと、羨ましいと思うところがありました。

ハン　前編で話したことですが、『タクシー運転手』も『1987、ある闘いの真実』（二〇一七年、以下『1987』）もそうですよね。羨ましいと言われると微妙な気もしますが、あの時代に戻らないようにがんばっているし、がんばってきたからなのではないでしょうか。

西森　そうだと思います。反対に「恥なんてない！　われわれは素晴らしい！」っていうのは、そこから前に進めない気がして。というか、前に進めないどころの騒ぎじゃないと思うんですよ。

ハン　たとえばアメリカだって、黒人差別とかふつうに描いているわけで。

西森　『タクシー運転手』が公開の頃に書かれた『台湾で政治映画がタブーな理由』（ニューズウィーク日本版　二〇一八年一月五日　アンソニー・カオ）という記事で、台湾では侯孝賢の『悲情城市』（一九八九年）にしても、独裁体制に苦悩する人々の姿を描いてはいるけれど、政治作品ではないというのを、記事で読んだことがあります。過去の一時代を切り取って、清算して描くって本当に難しいことなんだと実感します。

ハン　もしかすると朝鮮半島の南北分断と同じようなことで、描こうとすると大陸を利することになるという状況があったりするのかな。そういう意味なら、韓国も九〇年代以降にようやくできるようになりましたから。八〇年代までだと政権批判をしたら捕まっちゃうし、それは北朝鮮を利するというロジックにされてしまう。単に「ここは駄目だ」って言っているだけなのに。

西森 日本はまたその状況とも違いますよね。

ハン 自己規制の国だから。敵なんていないのに。

西森 敵がいないから見えないということもあるし。とにかく、敵がなんなのかが見えないというのは、「日本」というものを描くときにとても大切なテーマだなと思います。でも変わりつつあるのかなとも思うんです。韓国で二〇〇七年に実際に起こった、スーパーで働く中で、不当解雇に抗議する人々を描いた『明日へ』(二〇一四年)を観たとき、労働問題でここまで抗議できる人たちがいるんだ、日本ではそんなことはありえないんじゃないかと思っていたんですけど、いまは日本でも労働問題があれば、デモをするようになりました。『タクシー運転手』を多くの人が見に行くようになるくらいの変化がある。フェミニズムの話を毎日Twitterで見かけるようにもなってますし。

ハン 過労死で亡くなった人の遺族が声をあげたり、性犯罪や女性差別にかかわる事件が可視化されるようになってきたということはあるかも。とはいえ、変わりつつあるのかどうかについては、わたしは正直疑問もあるけど……。でも、西森さんがそう言うならそうなのかもしれないし、前向きに捉えたいとは思います。

テレビにこそ可能性がある？

西森 テレビドラマは映画よりは少しだけ社会問題やフェミニズムを扱っているんですよね。

ハン フェミニズム的なことをやっていた（TBS 二〇一六年、以下『逃げ恥』〈海野つなみによる原作漫画は講談社〉）もテレビドラマでしたね。

西森 他にも『99．9 刑事専門弁護士』（TBS 二〇一六年、以下『99．9』）とか、『逃げ恥』と同じ脚本家の野木亜紀子さんの『アンナチュラル』（TBS 二〇一八年）は、法律の話でもあるので権力の腐敗に対する疑問が描かれていました。『99．9』の場合、清濁併せ呑む感じの終わり方ではあったんですけど、それはまだシリーズが続くからなんだと思います。

ハン でもそれって前編で話していた『孤狼の血』（二〇一八年）のどっちもどっちっていうのと同じなのでは？

西森 『アンナチュラル』や、前編でも触れた『ワンダーウォール』（NHK 二〇一八年）はそんなことないと思いますね。もしも、ぬるいと思われるのであれば、それが日本の敵が見えない現状がそのままに描かれているからで、そこも含めてのリアルだし、問題提起だと思います。『ワンダーウォール』は、最後に視聴者に考えることを投げかけているんですが、それは「どっち？」という投げかけ方ではなく、現実にも考えないといけないことがありますよね。ちゃんと考えないと、民主主義的な手段を奪われる可能性もありますよ？という問いかけだと思いました。結構切実だと思います。『アンナチュラル』も『ワンダーウォール』もドラマですけど、映画ではこうした社会的な問いかけのあるものは少ないんですよね。

ハン　かつて、ドラマはスポンサーを気にするし大衆に見てもらわないといけないから政治的なことはできないってイメージがあったように思うけど、いまの日本はむしろ逆だってこと?

西森　うーん、どうでしょう。テレビって、特にNHKはドキュメンタリーが近くにあって、プロデューサーもかつてはドキュメンタリーの人だったということもあるんです。そのことが問題提起のあるテーマを選ぶことに関係あるのではなかろうかと。

ハン　たとえば『逃げ恥』とかでフェミニズム的なことを盛り込もうとした場合、偏ってるとかいってスポンサーからストップがかかるようなことはない?

西森　『逃げ恥』は、前回のハンさんとの対談のときにも出た話ですけど、何層にもなっていて、表向きは、ムズキュンのラブストーリーなので、フェミニズムが描かれていると気づかない人には気づかれないというか、表現の仕方がうまかったと思います。先日『ワンダーウォール』のイベントで渡辺あやさんも「重いテーマを見せるためには、段階をおわないと」と言われていました。じわじわと見せて最後に到達するというのでないと、拒否反応があるんじゃないですかね。

ハン　じゃあドラマが舐められているとかってことは? たとえば視聴率が取れそうなスターが出ていればスポンサーもOKを出す、みたいな。

西森　視聴率がとれるなら何でもいいってスポンサーが考えているってことですよね。そこを逆手に取ることはできると思います。企画書の段階では、ヒットする要素をたくさん入れておく。キャストや今時の話題や、医療、刑事など、ある程度、視聴率の約束できるキーワードを散りばめて、脚本には、ちゃんと社会的なことを入れていく。骨が折れますが……。ドラマって視聴率に危機感をもち始めて、変わろうとしている人もいるんじゃないかという空気を感じています。NHKはもちろんですけど、特にフジテレビと関テレのドラマのテーマ設定はすごく社会的になりました。生活保護の現場で働くケースワーカーが主人公の『健康で文化的な最低限度の生活』（関西テレビ／フジテレビ　二〇一八年）なんかも作られたりして。今、テレビでは、真摯で硬派なテーマが求められていて、それが数字に出ているという記事も見かけました。

ハン　なるほど。あまりドラマは観ないんですけど、山田太一とかの時代のドラマってすごかった記憶があるんですよね。親がそういうドラマを観る人だったから、小中学生のときに一緒に観てたんです。社会性もあって面白い、大人のドラマがいっぱいあったイメージ。でもトレンディドラマの時代に、そういうドラマがあまりなくなって、韓ドラに視聴者を取られて……。最近また日本のドラマも盛り返してきた感じだったりしますか？

西森　視聴率はそこまで盛り返してはいないけど。ただ、ドラマ好きは増えているし、ドラマ批評、ドラマレビューの需要はものすごいあります。

ハン　レビュー需要については、ネットメディアのコンテンツ需要の問題もある気がします。あとみんなが批評を読みながら観る、的な見方の変化？　それはさておき、「相棒」シリーズ（テレビ朝日　二〇〇〇年〜）もときどき政権批判みたいな踏み込んだことやるようだし、やっぱり日本は映画よりドラマなのか？

西森　映画も、ドキュメンタリー映画は結構変化していてニュースにもなってますが、それもテレビ局から始動しているという側面もありますしね。ここ三年くらいテレビドキュメンタリーを見ていて気付いたんですが、半年ごとにテーマの傾向って変化してるんですよね。二〇一六年はバスの事故とか労働問題、二〇一七年はフェイクニュースやトランプ政権、そしてインパール作戦などの戦争ものなどが目立ちました。インパールは去年、朝ドラ『ひよっこ』（ＮＨＫ　二〇一七年）でもやっていました。今年『検察側の罪人』（二〇一八年）を見たら、インパール作戦の話題が出てきたんですが、ドキュメンタリーや朝ドラを観ていたおかげでインパールが無茶な作戦ということが共有できていて、役に立ちました。

ハン　さすがに「日本ヤバい」ってなってきているってことなんですかね？

西森　真剣さが違ってきてる気はします。

ハン　ただドキュメンタリーはドラマより観る人が少ないよね……、ゲリラ戦っぽい。かつて「女性国際戦犯法廷」を扱ったＮＨＫに政治的な圧力が加えられたみたいに、いずれ潰されちゃうかも……。

西森　ＮＨＫは、ここ一年をみてもいいドキュメンタリーがたくさんあったと思います。今年も終戦記念日前後のＮスペはすごく力が入っていました。あとは、東海テレビやわたしが働いてた局なんですが南海放送など、地方局にもちゃんと問題意識をもって作っている人がいます。ある意味、観る人が少ないけれど、テレビの責任としてやっていかないといけないということで、良質なものがあるのかも…。

ハン　「南京事件」を取り上げた日本テレビの清水潔さんとかね。やっぱり日本は映画じゃなくてテレビなのか……。

空気を読み合うだけの恋愛はもう終わり

西森　話がすごく変わっちゃうんですけど、「わたしだけに優しい人」って信頼できないじゃないですか。

ハン　唐突（笑）。フィクションの話？

西森　現実もそうだけど、ドラマとか映画の恋愛モノの話。「わたしのことが好きだからいい」「友だちだから全部許す」みたいなのって信用ならないじゃないですか。「友だちだからかばう」みたいな政治の話もありますけど。

ハン　理屈じゃなくて感情だけってこと？　わたしはもともと理屈の人だからなあ。

西森　感情だけで、「友情／愛情があるから、お前を信じるんだ」みたいな。

ハン　まさに『不汗党《プランダン》』（二〇一七年　※日本公開時のタイトルは『名もなき野良犬の輪舞』）ですね。それを否定するような、「人を信じるな、状況を信じろ」って名セリフがある。

西森　あのセリフ、よかったけど難しいですよね。裏社会で生き残るために理屈で考えてきたジェホが、ヒョンスと出会って感情の人に変わってしまったんだけど、ヒョンスに対しての愛情が生まれてきたから、あえて矛盾したことを言っているのかなって。あの作品は「愛」しか描かれてないところが、完全なるフィクションと思えてよかったんですけど。ただ、日本で男女の恋愛ドラマを観るときには、あそこまでのフィクションとして見るのはもう無理ですよね。リアルを観てしまう。

わたしは今までの王道だった「好きだから守る」みたいなものが嘘臭く見えるようになってきているんです。それよりは、自分の正義感に従って動いている人の方が、自分だけに愛を向けている人よりも信頼ができると思ってしまって。たとえば、『タクシー運転手』のソン・ガンホは、前半では、「好きだから守る」の方の人だったけど、後半では「正義に従って行動する」人になります。後者になった方が、魅力的だと思うし、恋愛ものでもその方がいいなと思ってしまうんです。

ハン それってつまり、恋愛を描くのが難しくなったってことでは？

西森 『逃げ恥』の脚本を務めた野木亜紀子さんを取材したときに「恋愛ものが嫌なのではなく、安い恋愛物語が嫌なだけなんじゃないか」と言われてたんですね。『逃げ恥』に対する感想で「こんないろんなこといわれたら恋愛なんてできないよ！」って意見があるじゃないですか。たとえば、キスしていいですかって聞いたらムードだいなしとか。でも『逃げ恥』は、いちいち合意を求めながら近づいていく様子がおもしろかったから受けたんだと思うんですね。合意を求めながら進んでいくんだけど、その合意の難しさが恋愛のうまくいかない難しさや枷を緻密に描くことになっていた。この合意と遠慮が行き交いながら進んでいくのが、今、一番ロマンチックなんじゃないかと思います。今期のドラマの『義母の娘のブルース』

（TBS 二〇一八年）もそういうところがあるんですけどね。

これまでの恋愛ドラマって、インパクト勝負というか、「いきなり」がロマンチックだと思われてたところがあって、そんなものは崩れればいいと思います。いきなり壁ドンとかいきなりキスとか。合意の反対ですからね。

ハン 確かに今までは、空気を読め、好意を察しろ、みたいな恋愛ばかりだったとは言えるかも。

西森 『逃げ恥』は、ただ空気を読むだけじゃなくて、言葉で合意を取っていた。それがおもしろかったし、誠実だったし、だからこそ、平匡さんを演じた星野源さんをみんな好きになったんだと思うんですよ。

ハン 言われてみれば日本の恋愛ものってあまりしゃべらないかも……。だから、そこに合意があるのかどうかよくわからない。

西森 それでいうと大泉洋が出ている『恋は雨上がりのように』（二〇一八年）って映画もある意味、合意の話なんですよね。女子高校生と四五歳のファミレス店長の話なんですけど。

ハン 設定だけ聞くと気持ち悪いけど……。

西森 わたしもそう思ってたんですが、見たら正反対なんです。バイトの女子高生から一方的に中年の店長が好かれるんです。店長は好意を向けられても、女子高生の若さゆえの勘違いだと思っている。ただ、だからと言って、女子高生が抱く恋心を否定することもしないんです。自分にも、そういうきらめく季節があったからだし、それは否定することではないと。でも、おっさんを好きになることはないだろうということは伝えるし、女子高生の成長に繋がる道を指し示していて。

ハン　すごく教育的。本当にそうならおっさんたちに見てほしい。自分が下駄を履いているのをわかっているわけでしょ？　そういうおじさんなかなかいない。下駄を履いていることに気づかないで「俺はモテる」って思っちゃう。

西森　女子高生にじっと見つめられるシーンがあるんですけど、眼力の強い美人な女の子だから、店長は「嫌われている」って思って。漫画はもうちょっと「好き避け感」があるんですけど、映画はそういうのをカットしてるんですよね。

ハン　そこは好かれているって思ってもいいかもしれないけど（笑）。最後はどうなるの？

西森　お互いにちょっと前進するんです。店長も、小説家になりたかったんだけどなれなかった過去があるんですね。大学時代の友だちは売れっ子作家になっている。でも今のうだつのあがらない自分に対しても、そんなに拗ねていないんですよ。店長は、その小説家の友だちと疎遠になっていたんですけど、女子高生と出会ったことで、自分にも、過去に友人とのきらめく青春の季節があったことを思い出し、小説家の友人との関係性を取り戻して前に進む。女子高生の方も、同じように友人とのわだかまりや、部活で立ち止まっているところがあって、それをやっぱり彼女自身で解決して前に進む。自らの問題を自らで前進させたふたりの関係性も、まったく変わっていくんだろうなと示唆されるところで終わります。こういう作品って、女子高生と出会ったことを直接、自分の前進に関係づけることってあると思うんですけど、この映画の場合は、女子高生の力を借りた前進ではない。

たとえば、同じ大泉さんが出演している作品で野木亜紀子さんの脚本の『アイアムアヒーロー』（二〇一五年）がありましたけど、あれはやっぱり、自意識の話で、闘うことで女性や周りの人々を助け、ヒロイズムを得たことで前進するんです。原作が自意識の部分が多い話だし、二〇一五年より前は、やっぱり自意識の時代だったと思うので、そういう前進もあってもいいなと思ったんですけど、二〇一八年の大泉洋が、自意識とは違う表現に進んでいたのもよかったですね。『恋は雨上がりのように』の原作漫画には、まだ中年男性の自意識っぽい描写がちょっとあるんですけど、映画ではまた違う解釈になっていました。

ハン　いい映画なのかもね。脚本がうまいんだろうなあ。

西森　ちなみに脚本は『かぐや姫の物語』（二〇一三年）と『女子的生活』（ＮＨＫ　二〇一六年）の坂口理子さんです。

ハン　おお、いい評判をよく聞く『女子的生活』！

ロスジェネ世代と、日本の表現の可能性

ハン　四五歳ってことは、店長はロスジェネ世代の人ですよね。

西森　そうですね。

ハン　ロスジェネ世代って、食えない問題を実存や自意識の問題に勘違いさせられてしまった世代だと思うんです。

西森　本当にそうですね。正社員になれなかったり、できても給料が上がらなかった世代。この世代のことを描いたドキュメンタリーも多いですね。

ハン　そういう意味では結局今も救われていないんだけど、言論の世界でも学問の世界でもやっとそれは彼らの意識のせいじゃなくて世の中の側の問題だって空気になって、ここ十年くらいになってようやく食うこと、つまり経済のことを言い出したようなところがあります。

西森　今ロスジェネ世代が冷笑的で拗ねざるを得ないのって、思っていた未来と違うっていうことだと思うんですよね。

ハン　そう。でもそれは「意識」の問題ではない。つまり、「あなた個人の問題じゃなくて、世の中が悪いんだよ」って救いになるんじゃないかと思うんですよね。でももう二十年以上放置されてきちゃった。西森さんはロスジェネ世代？

西森　そうですね、ちょうど始まった頃。

ハン　ロスジェネ世代の周囲の人たちを見ていてどんな感じですか？

西森　はざまの世代だと思います。上の世代のように無様な勘違いは絶対しないと思っていても、それを更新できているかというと……自分ではできていると思っても、実際はどうなのかっていう。だから、人権意識は高いつもりでも、ことジェンダーの話となると、わかってるつもりでいてズレたことを言う人もいるんじゃないかなと。

ハン　ああ、同じようなことを知り合いと話したことがある。ロスジェネ世代の人たちって、たぶん比較対象が上の世代なんですよ、同世代の女性じゃない。上の世代よりもジェンダーセンシティブだからマシってことにアイデンティティがある感じがする。

西森　変な自信があると。

ハン　まあ、家事をやるようになったのも、いわゆる「イクメン」も、この世代だもんね。ただ、教条的に「やらないといけない」って気持ちが強くて、それが裏目に出ることがあるんじゃないかな。つまり、第一世代としての変化は評価できるかもしれないけれど、目の前にいる女性との実際の関わりの中で判断すべきことなんですよね、本当は。

西森　内面的なミソジニーがあっても、自分にはないと思ってる人もいるんじゃないかと。

ハン　第一世代は難しい、ってことかもしれません。女性だって、男女雇用機会均等法の第一世代は、男女平等に捉われ過ぎていて、「男性と同じようにやらなくちゃいけない」みたいな気持ちが強かった。それが内なるミソジニーとして発露しちゃったり。

話を戻すと、ロスジェネ世代って、社会が変わらなかったから、実存とか自意識の問題の中に閉じこもっていたほうが楽だったのかもしれないって思ったりもするんですよね。でも、だからこそ、社会は変えられるんだって風穴を開けることが大事かな、と。「韓国が羨ましい」って、要はそこでしょ？

西森　まさにそうです。今までそれは表現できずにいただけど、そういうテーマの映画やドラマもできるようになるのかも。

ハン　あともしかしたら日本ってアニメとかの方が政治的、社会的なのかもって思うこともある。まあこれは実写だけど、『シン・ゴジラ』（二〇一六年）は日本の中でも大きな話を扱った映画だと思うんですけど、何というか、オタクっぽいものがむしろそういうことやっているというか。わたしは別に好きじゃないんだけど（笑）。学生なんかに話を聞いていると、『エヴァンゲリオン』みたいに自意識の塊みたいな作品がある一方で、社会構造の本質に迫るような作品もあるみたいなのよね。

西森　『進撃の巨人』（諫山創　講談社）も日本の社会構造を批評しているのかなと思いました。

ハン　いい悪いの問題ではなく、架空の世界の話であって直接的には描かないんだろうけどね。韓国の場合、はっきりとした弾圧があったから直接的に描けなかったけど、弾圧がなくなったから直接的に描くようになった。日本は弾圧がないのに直接的に描く作法がない。

西森　忖度がありますしね。またこれも敵が見えない話ですが。

ハン　何というか、悪の話にすると、ここでの悪は、わかりにくい悪、忖度のようなものまで含める巧妙な鵺のような悪。自発的に服従している国民すらもその一部であるような、責任の所在がわからない悪。闘うのも、ましてやそれを描くのはもっと難しいかもしれない。でももしかすると、さっきの西森さんの話を聞いていると、テレビドラマはそのような自己反省的かつ日常的な悪を描いている？　だとしたら、こういうタイプの悪はテレビドラマに向いているのかな？

西森　「自己反省的かつ日常的な悪」で思い浮かぶのは、本当に『ワンダーウォール』ですね。それと、ドラマに向いているというよりは、どうにか企画が具現化する可能性が高いということですかね。『シン・ゴジラ』ではそれができたのは、映画会社に任せてもらえる作家性が庵野秀明にあったからで。しかし、かつては実存を描いてきた庵野秀明が、ちゃんと今の日本の本質を見ていてほんとよかったですよ。それと、他の人が、そういうことを描けないのは、本当に切実に、食うに困るって経験をしてこなかったからこそ、実存の世界を描いてきたっていうのもありそう。でも、たぶん表現はこれから変わるんじゃないでしょうか。もう自意識や実存の話を見せられてもしらけるだけになると思います。

ハン 貧乏はしているんだけど、戦後すぐにアメリカに助けてもらったからっていうのもあるのかな。

西森 自分たちで民主主義を実現させたわけでもないしと…。

ハン 甘やかされてきて、直接的に描くフォーマットが手元にない。二〇一四年に西森さんと韓国映画について対談したときは（P．三〇参照）、実存とか自意識に拘泥できるのは幸せなことなのかも、アジアも今後そうなっていくのかもって言ったけど、全然そうはならなかったような。

西森 むしろ日本が遅れていってしまい、これからはもう自意識なんて言ってられなくなるぞと。さっきから何度も話題にしている『ワンダーウォール』と『シン・ゴジラ』は、ともに問題の中枢が何なのかが見えない構造を描いた作品なんですよね。『シン・ゴジラ』も、敵はゴジラなんだけど、実はその手前にある、合議制とか、リーダーシップとかの方が、よっぽど面倒くさい敵で、そのバカバカしさがシニカルに描かれていたわけで。「あれぞ、日本」という感じすらしました。まあ、結末に向かってファンタジーになっていくのはおとぎ話的でしたが、『ワンダーウォール』にも、そういう日本のやっかいな構造が描かれていて。そういう客観的で批評的な作品があるということは、韓国とは違った表現の可能性が、日本にもあるのかもしれないと思います。

（構成：カネコアキラ）

追記

ロスジェネのことが出てきますが、この年代の人が、自分は変化できていると思っていても、実はできていなかった……みたいなことは、その後もいろいろ表出してきたなと思いました。タイトルにもある「自意識から食うことへ」というテーマについては、この頃はまだ、本当に小さな兆しが感じられるくらいのレベルで話していたつもりだったのですが、年々、その空気が大きくなっていると感じます。この対談は、二歩くらい先のことを話していて、それが今になって実感できるようになっている重要なものだったと思います。それと、この頃のわたしは「韓国が羨しい」と言っています。今考えると、それは、現実から目を背けずにエンターテインメントで問題提起をしているという意味での羨しさだったと思います。今となっては、映画や特にドラマの表現に関しては、日本も、というか日本こそ「ヤバさ」を見つめ始めているので、その点においては「羨しい」と思うことはなくなってきたのを感じます。

それとハンさんの問いかけを受けて。今『ワンダーウォール』のことを見ても、以前と変わりない感想です。日本で政治に何か不満をもってしまったとしても、選挙の方法などもあり、また何をしても直接その声、特に少数派の声が中枢に届くことはありません。この対談でも出てきますが、日本は自己規制の国なので、その自己規制が、薄くて透明なアクリルの壁のようで、そんな心もとない壁ですらも、突き破ることができないというジレンマを以前よりも強く感じます。じゃあなんでそんな薄い壁も突き破れないのだと言われればそれまでですが。（西森）

この対談後、『ワンダーウォール』を観たのですが、「自己反省的かつ日常的な悪」を描いたと言われても、正直まったくわからなかったというのが率直な感想でした。だから、西森さんの受け止め方とのギャップに戸惑った記憶があります。おそらく西森さんが「自己反省」的と思った部分が、わたしからは「自己肯定」に見えてしまったのではないか。その辺が甘ったるく感じられてしまって、もしかするとわたしのようにその中にいない人（いると自覚していない人？）には、まったくわからないものになったのではないかな、と。その辺、本書3、4章で話しているような日本の「特殊」性とも関係してくるのかなと思っています。（ハン）

政治　# 倫理観

なぜ人は危険を冒してまで「報じる」必要があるのか『タクシー運転手　約束は海を越えて』から考える

西森路代

(Realsound 映画部　二〇一八年一一月二日)

生活が第一の主人公の心が動くとき

『タクシー運転手　約束は海を越えて』（二〇一七年、以下『タクシー運転手』）以前のソン・ガンホというと、現代劇においてはふつうの市民を演じているイメージがあまりなかった。どこの国の俳優でもそうだが、年齢を重ね、そしてキャリアを積むと、ふつうの市民の役よりも、どこか社会的に成功した役や、突出したキャラクターを演じることが多くなる。かつては『グエムル　漢江の怪物』（二〇〇六年）で小さな売店を営む父親を演じていたソン・ガンホも、『弁護人』（二〇一三年）のように、自らの力をもって何かに立ち向かう人を演じているというイメージが個人的には強くなっていた。

しかし、『タクシー運転手』でソン・ガンホは、自らの力を持って何かに立ち向かう人というよりも、巻き込まれるひとりの市民を演じていた。

映画の冒頭で、ソン・ガンホ演じるマンソプは、タクシーを運転している最中、街でデモ隊の暴動に出くわす。すると、マンソプはすぐさま車の窓を閉め、鼻の下に歯磨き粉を塗る。これは、歯磨き粉の刺激が、催涙弾による目や鼻の痛みを和らげる効果があったかららしい。

そして、慣れたハンドルさばきで車を迂回させながら、学生たちに向かって「デモをするために大学に入ったのか？」「何不自由なく育ったからだ。いっそサウジアラビアの砂漠で苦労させればこの国で暮らすありがたみがわかる」とぼやくのだ。

このシーンから、マンソプが当初は政治に関心がなく、デモをする学生たちに対しても、彼らは生活に余裕があるからこそデモを行っており、反対に自分は、世の中に多少の不満があるけれど、それでもこの国で暮らせているんだから、ありがたく感じなければと考えていることがわかる。こうした考え方は、今の日本にも溢れているのではないか。

彼にとっては、どこかで起こっている出来事に対してデモをして訴えるよりも、目の前の生活の方が重要であり、それは当然のことにも思える。なぜなら、街でデモがあればタクシーの売上も激減、十分な収入がなければ家賃滞納も長引いてしまう。商売道具の車のミラーの修理代も値切らないといけないほど困窮しており、娘の成長に合わせて靴を買い替えることもできない。そんな立場のマンソプからすれば、政治に対してアクションを起こす学生たちのことが〝余裕〟のある行動に見えてしまっても仕方のないことなのかもしれない。しかも、このときマンソプがいるソウルには、光州で起きている出来事については一切伝わってこないのだから、彼が危機を実感することが難しいというのもより一層理解できる。

そんな考えの持ち主だったマンソプだが、あるドライバーが、わりの良い仕事を得たことを小耳にはさみ、その仕事をこっそりかすめ取ったことで、彼の「巻き込まれ」がスタートする。それは、英語もほとんどできないというのに外国人の記者を乗せ、光州に行って帰って来るという、わりがいい以外は特殊なところのない仕事だった。

だが、光州についたマンソプは、催涙弾が飛び交うデモ隊と軍の紛争に巻き込まれてしまう。それでもカメラを向ける記者に対して、「行っても変わらない」と言い放つ。平和なソウルから来た者としては、そのデモもいつもの光景と変わらぬものに見えたからだろう。

しかし、この映画を観ていくと、なぜ海外から来た記者のように、危険を冒してまで「報じる」必要があるのかということが、マンソプを通して理解できるようになるのである。

一九八〇年の光州で確実に起こっていた、軍による民間人への弾圧が、光州以外の地域ではある時期までまったく知られていなかったということは事実である。それが葬られるということは、光州や韓国だけの問題ではない。不都合な出来事が葬られるということがひとつ許されれば、どの国でも他の不都合も葬られてしまいかねないということなのだ。

マンソプは、それを身をもって体験してしまった。彼は巻き込まれただけだから、記者を光州に運んだだけでも役目の半分は果たしているとも言える。もともとは、自分の目の前の生活でいっぱいいっぱいだった人だ。光州にいる間にもソウルにいる娘のことは気にかかる。それがふつうに暮らす人のありかたであり、平和なときにはまったく問題はないことだ。

しかし、そんな保守的な、自分の半径数メートルの幸せを守るべきであったはずの善良な市民が、自分の半径数メートルの幸せすら守れなくなるのが、光州事件であり、さまざまな紛争なのであるということを改めて実感した。

マンソプは、あまりにも酷い軍の弾圧に触れてもなお、「娘には俺しかいないんだ」と涙ながらに語り、夜中にひとり光州をあとにする。しかし、光州で見たあの軍の弾圧が、光州の外の新聞報道では、反社会勢力と暴徒化した市民が悪者になっている。そんな「フェイクニュース」を見て、真実を伝える手伝いをしなくてはという強い気持ちを抱くのである。最初はデモに無関心であったマンソプの理解が変わる瞬間である。

ロングランのヒットを記録したこの作品だが、公開前には、日本で多くの人に観られる可能性は低いとみられていたと聞いたことがある。しかし、良い意味で予想を大きく裏切った。それは、この作品が、最初から政治的な主人公が主体性をもって解決に挑む、というストーリーではなく、デモに文句をつけるほど政治に関心のない人物を主人公に据えたことも大きいのかもしれない。日本の観客も、マンソプと一緒に、一九八〇年の〝光州事件〟に巻き込まれていったのだ。

これは、映画のヒットの話だけにしておくにはもったいない出来事ではないか。マンソプと同じように、政治に関心のない人もいる。また、デモに行く人は単に権利を振りかざすやかましい人として捉える人もいるだろう。もっと言えば、現状に不満を募らせる人は、努力や辛抱が足りないのだとか、自分の生き方や考え方が悪いのだ、それは自己責任だ、とみなす人がいるということも感じる。しかし、この日本でも、考えなければ、報じなければ、自分たちの安全が危ぶまれるような段階にあると感じている人も多いからこそ、この映画の反響につながったのではないか。

本作のブルーレイ&DVDには、ソン・ガンホのコメントなどを収めた特典映像も収録されているが、その中でソン・ガンホは「韓国の重要な歴史を描いているので慎重にもなります」と語っている。映画はカーチェイスや、家族の絆、外国人記者との友情など、エンターテインメントの要素も多いが、ソン・ガンホの言うように、歴史が慎重に描かれているからこそ、観て楽しんだというだけではない感情をもち続けることができたのだろう。

※再録に当たり、加筆・修正しています

郵 便 は が き

料金受取人払郵便

上野局承認

9150

差出有効期間
2025年3月
31日まで

1 1 0 - 8 7 9 0

1 9 0

東京都台東区台東 1-7-1 邦洋秋葉原ビル2F

駒 草 出 版 株式会社ダンク 行

ペンネーム

□男 □女（　　　）歳

メールアドレス（※1）　新刊情報などのDMを □送って欲しい　□いらない

お住いの地域

都 道
府 県　　市 区 郡

ご職業

※ 1 DMの送信以外で使用することはありません。
※ 2 この愛読者カードにお寄せいただいた、ご感想、ご意見については、個人を特定できない形にて広告、ホームページ、ご案内資料等にて紹介させていただく場合がございますので、ご了承ください。

本書をお買い上げいただきまして、ありがとうございました。
今後の参考のために、以下のアンケートにご協力をお願いいたします。

(1) 購入された本についてお教えください。

書名：

ご購入日：　　　　　年　　月　　日

ご購入書店名：

(2) 本書を何でお知りになりましたか。(複数回答可)

□広告 (紙誌名：　　　　　　　　　　　　)　□弊社の刊行案内
□web/SNS (サイト名：　　　　　　　　　)　□実物を見て
□書評 (紙誌名：　　　　　　　　　　　　)
□ラジオ／テレビ (番組名：　　　　　　　　　　　　　)
□レビューを見て (Amazon／その他　　　　　　　　　　)

(3) 購入された動機をお聞かせください。(複数回答可)

□本の内容で　□著者名で　□書名が気に入ったから
□出版社名で　□表紙のデザインがよかった　□その他

(4) 電子書籍は購入しますか。

□全く買わない　□たまに買う　□月に一冊以上

(5) 普段、お読みになっている新聞・雑誌はありますか。あればお書きください。

〔　　　　　　　　　　　　　　　　　　　　〕

(6) 本書についてのご感想・駒草出版へのご意見等ございましたらお聞かせください。

(※2)

〔　　　　　　　　　　　　　　　　　　　　〕

＃家族観　＃格差社会問題

家族を疑わない『パラサイト　半地下の家族』が、逆説的に示唆する格差社会の厳しさと家族という宿痾《しゅくあ》

ハン・トンヒョン

（Yahoo! ニュース個人　二〇二〇年一月一五日）

カンヌ映画祭のパルムドールを皮切りに世界各国でさまざまな賞に輝き、米アカデミー賞でも六部門でノミネートされる快挙を成し遂げ、現在、日本で絶賛上映中の『パラサイト　半地下の家族』（二〇一九年、以下『パラサイト』）。タイトルに「半地下の家族」とあるように、これは「家族」の物語でもある。あまり語られていないように見える、その家族のあり方について考えてみたい。

家族どうしが「パラサイト」しないと生きられない社会

いずれもアジアの国の映画が獲得した前回のパルムドールと今回のパルムドール。ポン・ジュノ監督の『パラサイト』と是枝裕和監督の『万引き家族』（二〇一八年）は似ていると言われがちだ。しかし、前者は「格差社会＞家族」、後者は「家族＞格差社会」で、主眼はまったく異なっている。逆に言うと『パラサイト』において、血縁家族（という制度）への疑念はない。血縁家族のつながりは、むしろポジティブに描かれる。

二〇〇六年に公開された『グエムル　漢江の怪物』（以下『グエムル』）も、家族がそれぞれの特技を生かしながら団結して大きな構造（の化身）と闘うという意味では同じような構図だ。ただし『グエムル』は、冴えない一家が突然現れたわかりやすい敵と闘うためにみんなで助け合い、その中で成長していく様子がフラットな関係のもとにあるように見えたためか、そこに表れた家族観が気になることはなかった。だが、『パラサイト』の主人公一家の関係性は、それとは異なるように思う。

格差社会を主題にした場合、家族は、格差社会という構造の中でサバイブするための貴重な資源だから疑っている場合ではないということなのか。厳しい格差社会の中で、下層の家族は助け合わないと生き抜いていけないというのは事実だろう。生き抜くために家族が助け合う——。こう書くと一見美しいが、つまりそこで描かれていたのは、よその家族にパラサイトする話であるにもかかわらず、実は家族内で家族どうしが「パラサイト」しないと生きられない社会だ。

処方箋になりえない「ファンタジー」としての血縁家族

家族内の誰か（しかもこの場合は子。おそらく多くの場合は子だろう）がチャンスをつかんだら、それを家族（この場合は親。おそらく多くの場合は親）にシェアしていくことで一家が（一時的にでも）救われる。一見ポジティブに見えるが、子の立場に立ってみたらどうだろうか。生活に困窮していると親離れも子離れもできない構図。本作の家族は子どもだけを一方的に搾取しているわけではないが、運命共同体にならざるを得ない構図。

もしかするとこのような構図を示そうとしていたのかもしれないとも考えたが、わたしの見落としでなければ家族内での、家族間の、葛藤は描かれていない。やはりその構図への疑問や懸念は示されていないとみなすのが妥当だろう。実際、韓国では血縁家族に頼る傾向が日本より強く、映画やドラマで、子にたかる親が子から見てネガティブな存在として描かれることも少なくない。だが『パラサイト』にそのような血縁家族という制度への疑念はない。そして父は単なるグータラではなく、子（特に息子）にとっての理や知や仁の源として、リスペクトされるべき存在として描かれているように見える（まさに家父長制！）。

要は、家族の話で「も」あるのに、そこがツルッとし過ぎているというのが、筆者がもうひとつ入り込めなかった理由であるように思う。社会経済的に困難な状況は、一般的に家族の関係も複雑化させ、特に子どもを困難に陥れる。社会経済的に困難な状況にあるが家族は仲よしという表象は、筆者にとってはどうしてもファンタジー、欺瞞に見えてしまう。いやポン・ジュノは、「救い」として家族のファンタジーを描いたのかもしれない。それは格差社会の厳しさを逆説的に示唆するものではあるが、だが一方で、韓国でも日本でも（そして世界中のどこであっても）、血縁家族への回帰が処方箋になることはないだろう。

追記

これを書いた後、英語以外の映画で初めて米アカデミー賞作品賞に輝いたことで、本作はさらに注目を浴びることになりました。そして、この記事を読んだ記者から声がかかり、朝日新聞二〇二〇年二月二六日付「耕論」欄にインタビューが載りました（https://digital.asahi.com/articles/DA3S14379385.html）。論旨はほぼ同じですが、最後のところを引用しておきますね。「近年ハリウッド映画も含め、ジェンダーやエスニシティーなどの多様性に目を向けた作品づくりが主流になってきた。しかし『パラサイト』は、社会の格差という「大きな物語」に家族内の差異や葛藤が覆い隠されるような構造になっている。現実の反映なのかもしれませんが、わたしには『後退』に見えてしまう。それが、韓国映画が外国語映画で初めてのアカデミー作品賞受賞という『多様性』の文脈で報じられる。皮肉なことにも思えます」。ただ改めて考えてみると、長女のキジョンは「家族」を含む状況を相対化できる視点を持つ存在であったように思っていて、その辺については本書の一章で言及しています。（ハン）

#映画と社会 #自由の象徴

ベタで俗っぽい音楽と地団駄、もしくはダンスが突きつける切実さ『はちどり』と『スウィング・キッズ』をめぐる個人的な雑感

ハン・トンヒョン

（『ユリイカ』二〇二〇年五月号「韓国映画の最前線」）

『パラサイト　半地下の家族』（二〇一九年、以下『パラサイト』）についてのインタビューでわたしは、「社会の格差という「大きな物語」に家族内の差異や葛藤が覆い隠されるような構造になっている」と指摘した（『朝日新聞』二〇二〇年二月二六日付「耕論」）。同日、これを引用するかたちで知己の放送作家、町山広美さんが、「そのほぼ逆の構造をもつのがキム・ボラ監督が自身の少女時代を素材にした『はちどり』。すごい作品です。必見！」とツイートしてくれた。

これをわたしなりに説明すると、『はちどり』（二〇一八年）〈キム・ボラ監督、二〇二〇年六月公開〉は、主人公である一四歳の少女、ウニが葛藤する日々の個人的な「小さな物語」を通して、大きく変わろうとしていた当時の韓国社会という「大きな物語」を体感できるような構造になっているということだと思う。同感だ（間違っていたらすいません！）。

一九九四年。韓国側から見て南北のイデオロギー対立の象徴とも言える金日成《キム・イルソン》が死亡し、それとともにあった韓国の経済成長への問い直しを象徴するような衝撃的な事故――ソウル市の中心部を流れる漢江にかかる聖水《ソンス》大橋の崩落――が起きる。

韓国社会にとって「大きな物語」の終焉が見え始めていた時代とはいえ、まだまだ

「小さな物語」に目を向ける人は少なかった時代、大きな物語のもとにあった学生運動でなんらかの挫折を経験したようにも見える漢文塾の先生、ヨンジがウニに託したのは、「理不尽なことが多い」けど「世界は不思議で美しい」というメッセージだ。それは、大人になったウニ＝キム・ボラ監督が、現在の観客に送るメッセージでもある。

『はちどり』のキャッチコピーは「この世界が、気になった」だ。韓国公開時のポスターにもほぼ同様のコピーがつけられている（ただし韓国版においては「わたしは」という主語が省略されておらず、つまり、世界が気になっていて、知りたいと思っているのは間違いなく主人公のウニだ）。映画で描かれるウニの世界、それは、個人としての日常の「小さな物語」ではあるが決してそこに閉じてはいない。冒頭の町山広美さんの指摘どおり、それは「大きな物語」と接続された小さな物語であり、本作は、ひとりの少女の心の揺らぎが、当時の社会の揺らぎを見せてくれる構造になっている。一見小さなウニの世界には、大きな世界のすべてがある。

私見だが、その見せ方の巧みさにおいて大きな役割を果たしているのが、多用されるドア越しの構図（全体的に構図のシャープな美しさが好みで印象的）と、いい意味で俗っぽい挿入歌（とダンス）だと思う。団地の自宅玄関のドア、姉と共同の部屋のドア、兄の部屋のドア、漢文塾の教室のドア、病院の診察室のドア、ヨンジ先生の実家のドア……、そこにあるさまざまなドアを叩いたり開けたり閉めたり、行ったり来たりしながら、ドア越しに他者、つまり世界と向き合ったり向き合わなかったりするウニ。そして彼氏と歩き、悪友と踊りまくり、後輩とカラオケを歌い、家でひとりじたばたするウニの心象風景を映し出す、実際に当時の人々の生活のかたわらにあった歌謡曲。全体が静謐で繊細なタッチだけに、そのある種の俗っぽさと躍動感が効果的だ。

ウニが家のリビングでひとりじたばたと感情を爆発させながら踊りとも地団駄ともつかない動きをする（脚本には「イカダンス」とだけ書かれていたらしい）シーンで流れている曲は、父親が同じリビングで社交ダンスの練習をしていたときと同じ、ユン・ボッキの「ヨロブン（みなさん）」（一九七九年）の、ポンチャックのカセットテープに収録されているような、テンポの速いチープなカバーバージョンだ。他にも、後輩ユリとカラオケで歌っていたのはウォン・ジュニの「愛はガラスのようなもの」（一九八九年）で、いずれも当時韓国で生きていた人なら誰でも知っているポピュラーな歌謡曲である（ちなみに、ガラスは韓国語で「ユリ」）。ジワンとの交際一二〇日を記念するカセットテープに録音するのは一九九四年当時のヒット曲、マロニエの「カクテル・ラブ」（一九九四年）で、その「都会的」な響きはビビットにあの頃を感じさせ、甘酸っぱい。

これらの曲は、音楽体験を共有している韓国の観客には当時を思い起こさせる効果をもつのだろうが、わたしを含めた日本の観客にとってのそれはなんというか、近くて遠くてでもやっぱり近いとでもいうような、いわば間接的な共有感覚であって、タイムラグも含めて妙にエモーショナルな効果を生み出しているように思う。

そして、ドアを開けたり閉めたり、歩いたり走ったり跳んだり叫んだり歌ったり踊ったりするウニが少女であり、わたしもまたかつて少女であった、ということ。初めて本作を見たとき、あえてこう言ってよければ女の子の「中二病」をこんなに繊細かつ生き生きと正々堂々と描いた映画があるということに、なんというか勇気づけられた。かつて少女だった人による、少女とかつて少女だった人のための、少女によるビルドゥングスロマン。家族や先生といった大人たちとの理不尽な人間関係、同世代の少年少女たちとの友情とも性愛ともつかない複雑でまたときに理不尽な人間関係の中で、女の子だって中二病になるし、女の子だってじたばたするし、ときに暴走もする。それは、自由を求める尊厳ある人間としての、世界との格闘にほかならない。

『はちどり』でウニが家でひとりじたばたするシーンは、永遠に自分の胸に刻んでおきたいほど大好きなシーンなのだが、同年に制作されまた同じく今年、日本で公開された韓国映画に、わたしにとって同じような輝きをもつシーンがあった。作品は『スウィング・キッズ』(二〇一八年)。キム・ボラ監督の長編初監督作で、独立映画として異例のヒットを記録した『はちどり』とは対照的に、日本でもヒットした『サニー永遠の仲間たち』(二〇一一年)のカン・ヒョンチョル監督によるメジャー大作である(とはいえ韓国では思ったほどのヒットとはならなかったようだが)。

ストーリーは、時代をさかのぼって南北のイデオロギー対立とその悲劇の頂点であり原点、起点でもある朝鮮戦争中の一九五一年、当時最大規模だった巨済島捕虜収容所で、収容所の対外的イメージアップのために結成された戦争捕虜らによるタップダンスチームを軸にしたもの。そこまでコメディタッチで進んでいた映画がシリアスな雰囲気に転換していく中盤に、タップダンスチームの一員である、朝鮮人民軍の捕虜でつまり北側の少年ロ・ギスと、通訳兼メンバーで南側の少女ヤン・パンネが、収容所内の政治的対立状況の悪化によって引き離されていた間、それぞれ別のところでデヴィッド・ボウイの名曲「モダン・ラヴ」に合わせて踊りながら走る姿を交差させながら見せるシーンがある。

「モダン・ラヴ」といえば、一九八三年、それまでいわばカルトなロックスターだったデヴィッド・ボウイの人気をメジャーなものにしたアルバム『レッツ・ダンス』の収録曲だ。そして、映画でこの「モダン・ラヴ」が流れて登場人物が走るといえば、元ネタは誰でもわかるだろう。レオス・カラックス監督のフランス映画『汚れた血』（一九八六年）である（最近だと『フランシス・ハ』［二〇一二年］にも同様のオマージュがあった。いずれにせよ、これをやりたくなる気持ちはよくわかる。それ自体も中二病的な何かだと思うが）。

　映画全体としては詰め込み過ぎで整理がついていないところも見受けられるが、韓国公開からしばらくたって、初めて飛行機の中で見たとき、このシーンでちょっとどうかというくらいに感情を揺さぶられ号泣した記憶がある。その後、韓国の配給会社がネット上でシェアしていたそのシーンの動画を探し、繰り返し見ては号泣した。今でもたまに見ては泣く。

　そこには、パンネという少女だけではなくロ・ギスという少年もいるのだが（そもそも元ネタの『汚れた血』で走るのは主人公の少年アレックスだ。ちなみにロ・ギスを演じるのは韓国で演技の上手いアイドルを指す言葉「ヨンギ（演技）ドル」の筆頭、EXO《エクソ》のD.O.《ディオ》ことド・ギョンス。猛練習したとはいうが、さすがのダンスと存在感！）、それはウニのイカダンス同様、「自由を求める尊厳ある人間としての世界との格闘」そのものだ。民族独立への挫折としての南北分断と今も続くイデオロギー対立の象徴である朝鮮戦争。それと相反するものとしての、そこからの自由を求めて躍動する身体、それを彩る俗っぽい音楽、しかもベタなオマージュ――。

『スウィング・キッズ』における「モダン・ラヴ」とふたりのダンスは、イデオロギー対立という「大きな物語」のもとで、理不尽で矛盾だらけのそれと相反するものとしての、そこからの個人の自由そのものとしての「小さな物語」を、象徴的にかたちづくっているように思う（だから上手い下手ではない、説得力の問題だ。またそれは、より大きなレイヤーとしては、東西冷戦という世界的な構図に引き裂かれる朝鮮半島という地域、民族の表象であるかもしれない）。

なぜわたしがこれに号泣してしまうのか（いやだからこそ号泣してしまうのだけど）。もちろん、古臭いとも言われかねないベタさを捨象してしまう中二病的な元ネタ世代だという条件反射的な何かもあるだろう。でも、わたし自身の個人としての生が、この映画のテーマとなっている「大きな物語」のもとでいまだ不自由だからに他ならない。わたしにとって『はちどり』のウニのような中二病は過去のものとなったが（とはいえときにイカダンスを踊りたくなるときもある）、『スウィング・キッズ』

のふたりの「自由を求める尊厳ある人間としての世界との格闘」は、リアルタイムの現在だ(なお奇しくもD.O.は、現在兵役中である)。

音楽が始まってロ・ギスが開く扉、音楽が終わってロ・ギスの前で閉ざされる扉は、今もわたしの目の前にある(本作のテーマとしてわかりやすく示されているキーワードは、「ファッキンイデオロギー」だ。そのベタさが切実さとなって、刺さる)。

こう書いてしまうと当たり前のように見えるかもしれないが、「小さな物語」は、常に「大きな物語」とつながっている。もちろん逆もまたしかりであって、「大きな物語」は当然ながら「小さな物語」とつながっている。そこへの意識の持ちようと見せ方の巧みさは、韓国映画のひとつの大きな特徴であるように思う。冒頭でも引用したように、『パラサイト』についてはそれが見えにくくなっているように感じたが、それはもしかすると、グローバルな展開を意識的に視野に入れたこととの必然なのだろうか。

一方で、「大きな物語」に覆い隠されてきた、覆い隠されそうな個々の「小さな物語」に寄り添いつつ、「大きな物語」と切断することなく両者のつながりを繊細に表現することで台頭しているのが、『はちどり』のキム・ボラ監督をはじめとした女性の作り手であることは、おそらく必然だろう。それが日本においてより可視化されているのは、最近人気の韓国文学なのかもしれないが、韓国映画においても、女性監督の台頭は目覚ましいものがある（たとえば五月に日本で公開された『マルモイ　ことばあつめ』（二〇一九年）のオム・ユナ監督も女性だ。『タクシー運転手　約束は海を越えて』（二〇一七年）の脚本を手がけ、本作が監督デビューとなる）。

わたしが人生に求めているのは個としての自由であり、わたしが映画に求めているのは作り手の切実さなのかもしれない（もちろんそれだけではないけれど）。

四月一〇日に追記

四月七日、新型コロナウイルスの感染拡大にともない、東京をはじめとした七都府県に緊急事態宣言が発令された。効力は五月六日までだとされ、多くの映画館も休館を余儀なくされている。四月二五日に渋谷ユーロスペースで公開予定だった『はちどり』の公開も延期されたが、日本における韓国映画の普及において、ミニシアターが果たしてきた役割は大きい。コロナ禍によって大きな打撃を受けているミニシアター等への政府による緊急支援を求める #SaveTheCinema「ミニシアターを救え！」プロジェクトも始まった。一日も早い収束と、映画館で映画を楽しめる日が来ることを心から願っている。

なおわたしの所属先の日本映画大学でも正式な授業開始日が六月一日に延期されたが、本学では二〇一三年から毎年、韓国芸術綜合学校（K-arts）映像院と合同で、学生たちが一〇分ほどの短編を撮るプロジェクトを続けてきた。八年目となる今回の行方はまだ見えないが、閉ざされた国境が再び開き、本学の合作プロジェクトのみならず、国境を越えた映画作りが再開できることも心から願っている。日韓をまたいで活躍してきた映画人たちにリスペクトを送りながら（部屋でイカダンスを踊りながら）。

#フェミニズム　#自己獲得

『チャンシルさんには福が多いね』から考える「自分の人生を生きる」ということ

※書きおろし

西森路代

「何も起こらない」と言われた日本の映像作品

韓国の映画人は、日本映画のことを「何も起こらない」と思っているらしい。そんなことを知ったのは、韓流ブームから数年経った二〇〇五年か二〇〇六年くらいのことだと思う。それを雑誌か何かの記事で知ったのかネットで見たのかは覚えていないが、実際に韓国から来た監督からその言葉を聞いたこともあるし、ドラマ『美賊イルジメ伝』（ＭＢＣ　二〇〇九年）や『太陽を抱く月』（ＭＢＣ　二〇一二年）などで活躍する若手俳優のチョン・イルの来日時に自分がしたインタビューで、「日本の映画やドラマは何も起こらないのに、ちゃんと繊細な心情が描かれている」と言っていたのはしっかりと覚えている。

当時、次世代の韓流スターのひとりとして注目され始めていた彼が、どういう経歴なのか調べてみると、漢陽大学演劇映画科というところで学んでいた。韓国では、大学や大学院で演劇を学んでいる俳優が実に多い。韓国から来た俳優や監督が、アイドル出身の俳優がドラマに参加していると、「アイドル出身なのに演技がうまい」と言う場面をちょくちょく見かけたことがあったが、それは俳優も専門職として見ているということだろう。逆を言えばアイドルも専門職なのだ。

チョン・イルは卒業後も大学が制作する演劇のプランナーなどもしていたという。

きっと、彼の恩師や周囲の人たちも、日本映画を観ていた人が多かったのではないだろうか。取材時にもっと聞いておけばよかったと後悔している。

こうした韓国の映画人たちの言葉を聞いてからというもの、ずっとこのことが頭にひっかかっていた。だから、ハンさんとの対談でもときおり言及している。

ずっと引っかかりながら、それはどういうことを指すのだろうと考えてきた。初めてそれを聞いたときは、「え？　日本の映画やドラマだっていろんなことが起きているんだけど？」と思ったのだが、彼らが指すときの「日本の作品」というのは、たぶん岩井俊二や村上春樹などの作品のことをいうのだということがわかった。もっと遡れば小津安二郎ということになるのだろう。確かに、何も起こっていないわけではないが、そこに流れる時間や空気はゆったりとしていて起承転結もあるにはあるがくっきりしているものではないというのはわかる。

そして、彼らは言うのだ。「日本の作品は何も描かれていないのに、確かに何かが描かれている。我々にはそういうものが撮れていない」と。そう言われて観てみると、韓国の映画の多くは、感情表現も激しく、起承転結もはっきりしていて、確実に何かが起こっていると感じる。自分から見れば、その何もかもが「詰まった」感じとか、サービス精神旺盛な感じを見て、新鮮に思ったし、だからこそ韓流ドラマは観始めた

図書案内

2021.2

〈アイコンの見方〉

DVDブック DVD付き書籍

Blu-rayブック ブルーレイ付き書籍

CD付き CD付き書籍

電子書籍 電子書籍もあります（Kindle のみの場合もございます）

駒草出版

〒110-0016 東京都台東区台東 1-7-1

TEL 03-3834-9087／FAX

https：//www.kom

※表示価格は税別です。これに所定の税がか

児童書

ロイヤルバレエスクール・ダイアリー　全8巻

イギリスへやってきた10歳の女の子エリー。バレリーナになる夢をかなえるため、エリーの挑戦が始まった！

アレクサンドラ・モス 著、竹内佳澄 訳／四六判／各200～240頁
本体 各1000円

❶ **エリーのチャレンジ**
アメリカからやってきた少女、エリーの物語、第一弾。

❷ **跳べると信じて**
ロイヤルバレエ団の公演に出演するチャンスが！

❸ **パーフェクトな新入生**
パリから来た新入生イザベルには、特別な事情が。

❹ **夢の翼を広げて**
中間休みを終えたエリーたちに試練が。

❺ **ルームメイトのひみつ**
ふだんは明るいケイトのようすが最近ヘンなの。

❻ **いっしょならだいじょうぶ**
学年末公演を前に、不安にかられるグレース。

❼ **あたらしい出会い**
ルークのことが気になって仕方がない。もしかして恋？

❽ **恋かバレエか**
恋とバレエの狭間で、決断を迫られるエリー。

新・歴史人物伝　読みもの

CGビジュアルコ絵で歴史のひとコマを体感できる！

趣味・実用

ぷらナポ
究極のナポリタンを求めて
下関マグロ 著／A5判／144頁
B級グルメライター、町中華探検隊・下関マグロのナポリタン食べ歩き録。
オールカラー

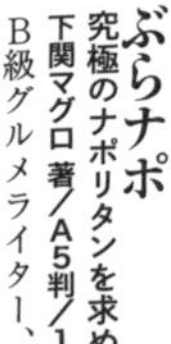

本体1400円

DIY葬儀ハンドブック
遺体搬送から遺骨の供養まで
松本祐貴 著／四六変形判／176頁
個人で行うDIY葬儀とは？　通常のお葬式でも使える役立つ情報なども豊富に掲載。
電子書籍

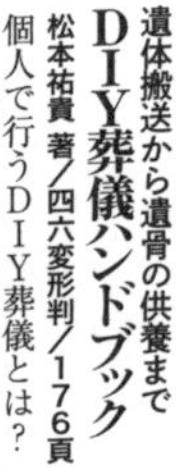

本体1400円

専門医に学ぶ長生き猫ダイエット
横井愼一 監修／四六判／160頁
長生き猫になるためのダイエット方法を専門医が教えます。
電子書籍　オールカラー

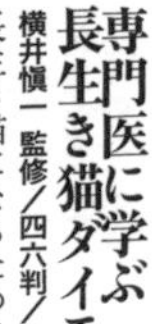

本体1400円

図書館さんぽ
本のある空間で世界を広げる
図書館さんぽ研究会 著／A5判／144頁
「お気に入りの図書館」を見つけるためのガイドになる1冊。週末のお出かけや旅先にも。
オールカラー

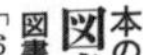

大人気

48手ヨガ　江戸遊女に学ぶ女性ホルモンと体力活性法
鈴木まり 著／四六判／184頁
春画で見たあのポーズ、ヨガで試してみたら
ストレス・加齢で低下したホルモン分泌を

日本の結界　陰陽師が明かす秘
水の家系第27代陰陽師 安倍成道 著／四
安倍晴明が編み出した巨大結界は、
ために張られたのか。日本の巨大

ら、朝まで一気見してしまう中毒性があったのだと思う。そして、日本のドラマの制作人は、多かれ少なかれ影響を受けて、視聴者を飽きさせない仕掛けが必要であると立ち戻ったりもしていたと思う。それが極まったもの、完璧になったものがきっと、ポン・ジュノ監督の『パラサイト　半地下の家族』（二〇一九年、以下『パラサイト』）だったのではないかと思う。

そんな傾向は、音楽でも同様である。K－POPが注目されるようになった二〇一〇年代初頭には、K－POPの特徴のひとつとして「フック」があることがあちこちで言及されるようになった。この「フック」もまた「そこで何かが起こっている」という意味を示すものなのではないか。

しかし、韓国の一部の映画人などは、自分たちの作風が「何かが起こっている」ものが基調であるからこそ、「何も起こらない物語」を模索していたと思うし、いつの間にか、K－POPは「フック」というものを超えた、複雑でより深みのある音楽をアイドルが歌うようになっていたし、そうかと思えば「フック」だけに頼らないもっと普遍的なポップミュージックを目指して世界でも認められるようになっていた。ドラマの世界でも、いまだサービス精神とははっきりした起承転結のある物語に何か新しいものをミックスしようとしているものもあるかと思えば、かつてのような「わかりやすさ」には固執せずに、じっくりと見せるものも多くなっていた。映画『はちどり』なども、「何も起こらないのに、何かが描かれている」作品のひとつであるように思う。こうした変化は、この本を最後まで読んでいけばその流れを追えるだろう。

「何も起こらない」を尊ぶチャンシルさんのクライシス

そんなとき、日本でも公開となった（二〇二一年一月公開）映画『チャンシルさんには福が多いね』（二〇一九年、以下『チャンシルさん』）を観た。「オフビートな」と表現されることの多いこの作品は、長らくホン・サンス監督作品のプロデューサーを務めていたキム・チョヒ監督が初めてメガホンをとったということでも、「何も起こらない」方を目指した作品であるということがわかる。

見進めていると驚いたことに、この作品の中に、わたしがこれまで聞いてきた「日本映画には何も起こらない」という言葉がしっかりと台詞として使われているではないか！　それは、映画の主人公のチャンシルさんが、ほのかに思いを寄せるフランス語の教師で…とはいえそれはアルバイトで、短編映画の監督でもあるキム・ヨンと居酒屋に行ったときに描かれている。

チャンシルさんは、この映画のキム・チョヒ監督がホン・サンス監督のもとでプロデューサーをしていたのと同じで、チ・ミョンスという監督のもとで長年プロデューサーをしている設定なのだが、チ監督が突然他界してしまい職を失って友人の女優の家で家政婦のアルバイトをすることになる。ある日、自分と同じく映画を作っているキム・ヨンと居酒屋に行く機会があり、映画好きどうしとしてじっくり話ができると思い、小津安二郎の話題を振るのだが、キム・ヨンから『東京物語』（一九五三年）に関して、「あの映画は観ましたが、少し退屈でした。何も起こらないから」と言われ、チャンシルさんの表情は曇る。そして耐えきれず、「何を言うんですか？　母親が亡くなり、息子も戦死しました。何も起こらないだなんて……」「日常の中にこそ大切なものがあります。そのすべてが詰め込まれた映画です」と声を荒らげて力説してしまう。

このやり取りを見ると、わたしが長年気にしていたことが、実際に韓国の映画人の中に根付いていたのだとわかるのと同時に、この映画の核になっているものだともわかる。キム・ヨンは、こうした「何も起こらない映画」のことを「平凡過ぎて」と言う。チャンシルさんもチャンシルさんの毎日も見る人が見れば平凡だろう。しかし、それは本当に「平凡」なのだろうか。

映画の冒頭、チャンシルさんは師事していたチ・ミョンス監督が突然亡くなったために先にも書いた通り、プロデューサーの職を失う。プロデューサーといえば、責任があり花形の職業のように思えるが、実質はお金の管理や人の管理が主な仕事であり、現実はそう甘い世界ではないとこの映画には描かれている。チ監督が生きていたときには、「あなたがいなきゃ始まらないわ、韓国映画界の宝ね」と持ち上げていた映画関連会社のパク社長も、チ監督が亡くなったあとには、手の平を返し「あなたはよくがんばったわ」と言いながらも「あなたがいなくても（チ監督は）いい映画が作れた」「（ＰＤという職業について）誰にでもできる仕事でしょう」「なぜチ監督のもとで雑用ばかりしてたの？　自業自得でしょう」と突きつける。

チャンシルさんが失意の中、家に帰ると、大家さんのおばあさんからも、以前の仕事について聞かれ、「お金の管理や人の管理までいろいろ」と答えるが、「結局何をする人なの？」と言われて自分でも何が何だかわからなくなってしまう。

こうしたやりとりをわたしは他人事として見ていられない。時代の違いや、地方か都会か、その会社がどんな会社だったかにも寄るだろうが、同じような気持ちを味わったことがあるからだ。わたしも、どんな雑用でも、ちゃんとやりきろうとしていたし、できていた。当時は、そうしたサポート的な業務こそが自分に向いているのかと思っていたし、誇りももっていたし、不満もなかったが、四年、五年と経てば、その毎日のがんばりは報われることもなく、やがて新しい人が入ってきて来て、同じようにがんばっている姿を目の当たりにする。すると、今まで縁の下の力持ちのようなつもりで人からもありがたがられていた仕事が、意味をもたなくなっていくのを感じる。

今でこそそんなことはないだろうが、当時の女性たちは、会社に入って四、五年も経てば、そろそろ結婚でもして会社を辞めていってねというような空気を感じる状況になっていく。「腰掛け」なんてつもりはなくても、会社で新たなスキルを身に着けられるような部署や立場に行かせてもらえるような雰囲気はないとすると、新しい「何か」を見つけて、自分から「卒業」していくしかなかった。結局、わたしは会社を辞め、新しい企画が始まる会社で非正規として働くことになる。その企画も半年で終了してしまい、やりたいわけでもない仕事をアルバイトのような状態で続けることとなり、辞めてニートのような状態になってしまった（その期間があったからこそ、一念発起して上京できたわけだが）。

チャンシルさんも、姉のように慕ってくれていた女優の家で、家政婦をしながら「何か」を見つけようともがく。そして、先述のキム・ヨンにほのかな期待をかけて会ったりしながらも、恋が成就するわけでもなく、やっぱり平凡な毎日は続いていく。

平凡なわたしたちが自分を取り戻すことの大切さを描く

山内マリコの小説に『ここは退屈迎えに来て』（幻冬舎）というタイトルの作品があるが、あのタイトルは秀逸である。会社員だったわたしも、日常は何も変わらず、会社からはそろそろ出ていってほしいという空気を感じ、それならここから出られる手段は何かと探していて、その一番手っ取り早いものが恋愛や結婚だと思っていたときもあった。チャンシルさんも、たぶんキム・ヨンにそんな期待をしていたのかもしれないが、その期待すら自分から沸き上がった気持ちではなく、何となく周りのみんなもそんな感じだし、というぼんやりとした期待をもっていたのかもしれない。

ただ、この映画は一見すると、それこそ「何も起こらない」「平凡な」話に見えるかもしれないが、実は、この本の対談で話したようなことがたくさん詰め込まれている映画なのではないかとすら思えるのだ。

最も重要なのは、チャンシルさんも、『パラサイト』や『はちどり』、そして数多くのエッセイなどが問いかけているように、「がんばってきたんだけれど、一体それで何が得られたんだろう」ということが描かれているということである。それが、パク社長が示す、あなたはよくがんばったわ、でもあなたがいなくても世界は回る、と指摘されたことをきっかけにわかるようになっている。

そして、チャンシルさんが得るのは、大家さん――この人もたったひとりの娘のためにがんばってきたが、早世されており、また字が読めないことで、チャンシルさんに教えてもらっている――との、家族のようで家族ではない、世代を超えた女どうしの連帯であったり、そしてそんな日常を経てたどり着く「自分は自分のままでいいのだ」という境地であった。

実はわたしには、この「自分は自分のままでいいのだ」という言葉を使って、自己肯定感に安易にたどり着かせようとすることに対して、どうしても疑ってかかってしまうところがある。

簡単に「あなたはあなたのままでいいんですよ」なんて言う人の中には、「今の環境にどんなおかしなことがあっても耐えてその場に留まりなさい」と思っているものもいて、体よく「あなたさえ変われば（自分を認めれば）、世界も認めてくれますよ」言い換えている場合もあったりするからだ。

しかし、一方で多くの女性たちは、「自分」というものすらもてないままに暮らしていることも多い。『チャンシルさん』では、チャンシルさんがPDとして監督のためにがんばっていたことが、監督がいなくなった途端に報われないことに変わってしまった。この本でもたくさん言及されている映画『82年生まれ、キム・ジヨン』（二〇一九年、以下『キム・ジヨン』）でも、ジヨンは怒りすら自分の声で表すことができず、誰かの怒りとシンクロさせ憑依させながらそれを何とか表現していた。

わたしは『キム・ジヨン』の結末にも、どこか「自分が変われば世界も変わる」というような「おためごかし」的なメッセージも感じていたが、それはやっぱり間違いなのかもしれないとも思えてきた。「自分を取り戻す」ということは、まやかしではない限りは必要なことなのだと、『チャンシルさん』を見ていて改めて気づかされた。

これまた、本書でもたくさん言及している野木亜紀子の脚本のドラマに『獣になれない私たち』（日本テレビ 二〇一八年）という作品がある。このドラマの主人公の晶もまた、会社では雑用ばかり押し付けられ、しかもそれを完璧にこなしてしまい、ときに自分が押しつぶされそうになってしまう。彼氏はいるが、その彼氏が「空洞」のような男であり優柔不断で、以前つきあっていた彼女の朱里を家から追い出すこともできずに今も住まわせている。結果、朱里は元彼の家で引きこもりになってしまっていた。

本来なら「恋敵」の晶と朱里というふたりが、「恋敵」として出会うのだが、旧来のドラマであれば、いがみ合う関係性のはずなのに、なぜか心が通じ合ってしまう。その理由は、彼女たちが「自分らしく生きてない」という共通点があったからであった。そのときに主人公の晶の言う「わたしたち、誰の人生を生きてきたんだろうね」というセリフが忘れられない。チャンシルさんも、大家さんも、キム・ジヨンも、晶も朱里も、そしてわたしやあなたも、「果たして自分は、自分の人生を生きてきたのだろうか」という思いがあったならば、たぶんどんな出会い方をしていたとしても、通じ合ってしまうだろう。

『チャンシルさん』の話に戻ろう。結局、チャンシルさんには、見る人が見れば、やっぱり何も起こらなかったという風に見えるかもしれないが、それでも最後までみれば、チャンシルさんが小津安二郎の映画に対して語ったように、「日常の中にこそ大切なものがあります」ということが見えてきたし、「そのすべてが詰め込まれた映画」になっていた。そして、わたしは、チャンシルさんのような、平凡な女性たちの、何も起こらないようでいて、大切なものが見えてくるような日常の物語を欲していたのだなと思う。

映画の見方論：考察と批評、〝良い会議〟の重要性

※語りおろし

西森路代＋ハン・トンヒョン

（二〇二〇年九月二十六日駒草出版会議室、同年十一月八日Zoomにて収録）

映画と考察、そして批評

ハン 『パラサイト 半地下の家族』（二〇一九年、以下『パラサイト』）のように、さまざまなメタファーを詰め込むのは、最近のトレンドだったりするのかな、とも思っています。というか、最近、ネット上で映画の感想ではなく「考察」するサイトみたいなの多いじゃないですか？「考察」って、何かあまり好きな言い方ではないのですが。

西森 そうですね、「考察」の是非は、よく話題にのぼります。

ハン 謎解きというか、伏線がどうとか……。でも映画を観ることの本質ってそこじゃないでしょうって思うんだけど。でも『パラサイト』はそういう欲望にものすごく応える作品じゃないかな。みんながあの岩はなんだったんだ、と探り合うような。そこまで狙っているのかはわからないけど、そこも含めて極めて現代的な作品だなと思いました。あの作品を観た世界中の人が探り合いをできる感じというか、ちょっとしたゲームみたいというか。

西森 わたしは、ポン・ジュノが「隠喩を込めたくない」と言っていたってことは、そうとしかできないというコンプレックスの裏返しなんじゃないかと思うんですよ。なぜなら人は自分の得意なことにおぼれることもあると思うので。

ハン 込めたくないって言ってたんですか？ みんなめっちゃ読み解こうとしてるよ（笑）。まあでも監督は大体そういうことは言いますよね。たとえば『はちどり』のキム・ボラ監督も、解釈は観客の自由だから、意味を読み解くみたいなことにあまり意味がない、というようなことを言っていました。

西森　インタビューを見ると、正確には「象徴や隠喩を拒否したい、という気持ちがある」って言ってますね。でも、難しくないですか？　観たあとで自分が何を感じたかっていうことと、岩に何の意味が込もっていたかっていうことが、つながっている場合もあれば、ただ岩の謎解きをしたい人もいるわけですよね。だから、考察がブームである状況は確かにあまり好きではないんだけど、わたしがしていることも考察なのかなと思っちゃいますね。

ハン　考察の一環でもあるんじゃない？　考察をしたい人はすればいいんじゃないですか？　どんな人でも多少の考察欲はあるでしょう。

西森　と考えると、他人にもそれは言えないなと。

ハン　そこは二択じゃなくて、言ってもいいんだけれど、そこが主ではないというか……。

西森　何かしらの、考察と考察じゃないものの違いがあるはずだって思うんですよね。同じことを見て、同じことを言っていても……。

ハン　自分の考え、自分の気持ちを……。

西森　そうですね、広げるための行為なのかもしれません。

ハン　自分の感想とか批評みたいなものの論をたてるための手がかりなのか、その意味がわかったら終わりなのか、みたいなことではあるんじゃないでしょうか。監督たちがその件にかんして、「答えはないです」と言いたがるのは、もっと自由に考えてほしいからだと思います。聞かれたことに対して答えてはくれますが、観る人の鑑賞の手がかりになればいい、というくらいで、それが唯一の答えではないし、そこは作っている側もアンビバレントなんじゃないでしょうか。

西森　どちらもあるということですか？

ハン　そうですね。演出する際にはもちろん、自分なりの意図があるわけじゃないですか。だから絶対に意味はあると思います。『パラサイト』の岩だって、何となく持たせているわけではないはずですし。

映画だけじゃなくて、文章とかすべてのことに言えると思うんですが、意図があってなんぼだと思うので。何となくやっていてもおそらくいい作品にはなりません。細部まで意図をもって作ってこそ、伝わるものもあると思いますし。ただそれが作品になって世に出たときに、意図と異なる理解がなされてもいいはずなんです。理解の自由度を狭めてしまうのはつまらないことだし、端的によくないと思います。作り手が意図しない広がりをもつのが批評の意味でもあったりするんじゃないかと。

西森　そうですよね。最近わたしが思っていることとして、人気のコンテンツで、人の解釈を許さないというか、答えはひとつ、というのを公式の見解としてぼんやりと示してくることもあるし、それを受け取ったファンも、公式の解釈以外は認めないということもあったりして。

ハン　作り手が違う解釈を許さないということ？

西森　作り手ということもあるし、その周囲が許さないということがあるように思うんです。

ハン　たとえばどのレベルの解釈？

西森　良い感想以外はしないでね、みたいな感じとか、ネタバレは今の時代、しない方がいいという認識でもいいとは思うんですが、それを過剰に嫌がったり。あとは、キャラクターの解釈違いが嫌だとかそういう。

ハン　そこはわからなくもないかな？　キャラそのものを誤読されるのは嫌でしょうし。

西森　はい。でもその思いが広がってしまって、解釈を一切許さないとか、批評されるのを嫌がっているようなコンテンツが日本ではあるように思えるんです。それで衰退していってるんじゃないかというものもあって。

たとえば、これ、『ユリイカ』（二〇二〇年九月号特集「女オタクの現在――推しとわたし」）でおそるおそる書いたら、ファンの人にも、わりと好意的に受け止めてもらったんですけど、アニメの『おそ松さん』って、作り手のホモソーシャル的な思いを『おそ松さん』たちキャラクターに投影していて、ファンは主に女性なので、そういうノリはいまさらって感じもあるし嫌だなというのがあり、わりとネットでもファンが個々に意見を表明しているんですけど、公式は、「こういう俺らのノリがわからないんだったら、ファンでなくても結構」みたいな空気を出していたりして。

ハン　受け手の消費、というか解釈は自由ですよね。

西森　そうなんですよ。しかも公式は我々に消費者として期待しているにも関わらず。

ハン　自由な解釈を許した方が広がるんじゃないですかね。

西森　そうなんです。

ハン　もちろん権利を侵害するようなことはダメだけど、批評とか感想を言ったり書いたりするのは受け手の自由だと思いますけど。

西森　特にホモソーシャルな世界であるほど、女の人たちに批評されるのを嫌う傾向があるというか。

ハン　そこにジェンダーが入ってくるんですか？

西森　そうなんです。男性の作ったコンテンツを女性が批判するとはなんたることか、という壁にはわたしは何度もぶち当たりましたよ。

ハン　えーっ!?　どんな分野でも、作品を世に出した以上、批評されるのは仕方がないことで、それによって良くなることもありますよね、自分も気づかなかったことに気づかされたり。

西森　その当たり前を心得ている人が少なくて。だから、わたしもドキドキしながら仕事をしているところがあります。作り手の本人にインタビューしたりする職業ですし、公式から出禁とかになっても困るしで、この十年の間、これ言っていいのかしら、ということを気にしていた部分もあったので。それが残ってるんですね。まあ、徐々にそういうものを良い意味で壊していきたいとは思ってやってるんですけど。だから「どういう取られ方をしてもいい」というような、どっしりとした態度の監督がいると、際立つというか。

ハン　もちろん、批判も含めてあれこれと言われたくない気持ちはある程度わかります。でもそれは前提として、批評する自由がないと、そこを封印しちゃったら発展がなくて、自己満足になっちゃいますよね。

西森　はい。だから、考察がブームになるのは、一部では嫌だけど、健全だなと思うところもありますね。

ハン　でも、さっき話していたような考察とそこは違うのでは？

西森　違うんですが、何かを言えるっていうのはちょっと健全かな、という部分もあります。それすらも許されてなかった感じがあるから。

ハン　言葉尻の問題かもしれないけど、考察って作り手の意図を知りたがるということですよね。一方、感想は自分の中にあるものとつながっているわけでしょ。自分の経験とつなげてものを見たり、自分の経験を観たものに反映させたりするということですよね。つまり自分なりの見方が、感想というか、批評。そこにある作品をきちんと見ずに自分語りだけになってしまうのはダメだけど。

西森　お、ここで考察と批評の違いが見えてきてよかったです。考察は、ただひとつの正解を求める行為ってことですね。わたしのやってることは考察なのか批評なのかってさっきまで悩んでたのがふっきれました。

ハン　あとまあ、たとえば映画なら映画史といったような、専門知にもとづいて文脈に位置づけるというのが、専門家の場合、重要でしょうけど。

「良くない会議」（悪い会議）について

西森　わたしとハンさんも、意見は違っても、言ってることはわかるし、話し合っているうちにつながっていたってこともあるって気づいたりしながら話しているじゃないですか。ただ、わたし、「良くない会議」にぶちあたることがあるんですよ。

ハン　良くない会議？

西森　いろんなところの会議に参加すると、良い会議と良くない会議っていうのがあるんです。良い会議というのは、たとえば、この作品のこういうところがこうだから、と作品の問題点などを例示しても、他の人、たとえばその作品を推してる人が凹んだり気分が悪くなることはないんです。「確かにね」と聞いてくれて、雰囲気もギスギスしたりはしないんです。一方、良くない会議、悪い会議というのは、何かしら人と違う意見が出たら、ケンカ売ってると思われて「この人嫌い！」ってなってしまう会議なんです（笑）。

ハン なるほど。

西森 何かしら人と違う感想とかをもっていることがすごく悪いことだと思わせる状態ってわりと多くて。本当は世の中の半分以上ぐらいはそうなのではないかと。

ハン えっ？ 学生ならわかるけど（笑）。たとえば学生に実習で企画を出させるとき、企画の良し悪しとあなたの人格は別のことだ、っていうのを必ず言います。企画が落ちたからってあなたが人間としてダメなわけじゃないと。そう言わないと、凹む子がいるんですよ。あと、他者の企画に対して意見を言えない。つまり、その辺がわかっていないと議論できないから、そこは前提です。もちろん、評価されなかったら傷ついたり、残念に思ったりはするし、酷評されたりしたら凹むけれど。でもいったんは切り離さないと、批評とか批判を含むまともな議論はできませんよね。で、話をそっちに戻すと、「自分が好きなものをこんなにけなされた！」というようなことですか？

西森 そうです。批評や批判ができない状態なんですよ。それはTwitterを見ても思うし、批評や批判は悪口とは違うものなんですけど、そうとは取られにくいことは多いですね。でも、ハンさんのように「企画の良し悪しとあなたの人格は別だ」って教えている先生がどれだけいるかというか、そういうことを教える時間や機会があるのかどうか……。

ハン　そういうことって、ちょっと雑なたとえになってしまうかもしれないけど、たとえば属している国家と個人って、もちろん重なっている部分があるし、切り離せないけど、とりあえず別個のものじゃないですか。韓国と韓国人、日本と日本人も。そこが切り離せないと、たとえば日本人でも日本の政策を批判したら、「日本が嫌いだなんてお前は日本人じゃないのか、日本から出ていけ」ってなることと同じですよね。ってかそもそも好き嫌いの話じゃないし。幼稚だなと思います。

西森　本当にそうなんですよ。「ここはこうでは」と論理的に話しても、その作品が好きな人は「嫌いだからそう言っているんですよね」という感じになるんですよ。

ハン　そうなってしまうのには、西森さんから見て、どこに原因があるの？

西森　自分も他人も好き嫌いでものを言ってると思っている人が集まるとそうなるというか。

ハン　好き嫌いでものを言うと思っている人って、傾向としてはどういう人？

西森　そうですね。視聴率がいいからということで判断する人は、自分の尺度で語ってないし、他人の「好き」の「数」を信じてる人なので、マーケティング的なことで判断して、批評の視線が少なかったりしますよね。それと、また違う話で、俳優のグラビアで誰に登場してもらうかを決める際、自分が好きかどうかではなく、誰だったら読まれるかという話をしたいので、「この人はまだ早いからもっとあとで取り上げたらいいんじゃないか」という風に説明しても、「嫌いだから言ってるんだ」と判断されてしまうとか。どっちにしても「批評」の軸が存在してないのかなって。批評って言ってもそんなたいそうなものではなくて、もっと自分以外の目線で相対的に見ることというか。

ハン　そういう風に好き嫌いだけでできる場合もあるかもしれないし、まあわたしたちのこういう対談だって好き嫌いの話もしているし、ってかそもそも好き嫌いも大事なことだけど、何でも好き嫌いで判断していると思われたら困りますよね。

西森　そうなんですよ、好き嫌いだけでものを言ってると思われたら困ります……。好き嫌いがあることはいけないことではないんですが、特に、選奨をするときは、本当に批評の目が常にないといけないので。でも、それに気づいたのは、ギャラクシー賞の委員をしていたからで、ちゃんと番組作りができているかから始まって、テーマ性はあるか、どういうことを伝えたくて作っているのか、みたいなことを「好き嫌い」ではなく見るという作業ができたのが良かったのかも。そのレベルに達しているということを全員が同じ目線で確認したあとに、最後に「好き嫌い」がどうしても入ってくるということはありますが。

ハン　話を聞いていると、作り手というか、送り手の幼さみたいなものが、結果的に作られたもののダメさにつながっているような感じがしますね。たとえば映画やドラマの企画とかでも、自分が好きだからとか？

西森　あと、たくさんの人が好きと言ってるからとか。たくさんの人が見ているってことを重要視するので、根拠を示しても、信じない人もいますよね。「エビデンスを出せ」っていうくせに、示すと、そのエビデンスはあてにならないとなったり。でも、これから作るものに結果のエビデンスは出せないわけで。それで「エビデンスを出せ」という人が何を求めているかとしたら、何となく自分の知っている範囲でのぼんやりした話題性だったりして。そうなると、そういう人でも食いつく、より刺激的なキーワード、わかりやすさに行ってしまうのは当然で。これは実際に聞いた話なんですけど、「企画なんて、根拠要らないんだよ、ノリだよ」っていう人もいるそうです。

ハン　それはダメですね。

西森　根拠とか説明とか、理由みたいなことを求めるくせに、細かく説明すると「ノリだよ」になってしまう。でも、実際の結果として、「なぜこれがヒットしたんだろう?」という根拠のわからない作品や物ごとが多いので…。たとえば、評価の高い作品とヒットが必ずしも結びつかないわけで。

ハン　でもそんなのダメに決まってますよね。万が一当たることがあるかもしれないけど、失敗しても成功しても、その理由を分析できないから。

西森　何かには理由がある、っていうことを無視しようとする人はとても多いと思います。でも、韓国ではわりと評価とヒットがつながっているし、それこそ歴史というか、過去をふり返るという傾向がありますよね……。

ハン　そうね……。わたしに言えることがあるとしたら、勤め先の大学には韓国国立の芸大の映画学部である韓国芸術綜合学校映像院と一緒に制作するプログラムがあるんですが、韓国側の先生は、「教養が大事だ」とよく言っていましたね。技術があってもそれで何を作るかが重要だから、歴史や社会や思想などの本を読んで学ぶ必要があると。わたしは映画の技術の先生じゃないからこそ、そうだよなーと思った記憶があります。

批評と正しいファンダム

西森　でもほんとに、意見が違っても、好き嫌いだけで言っているんじゃないんですよと、もっと言えば批評が必要なんですよっていうことが多少は広がらないと、いい作品は出てこないんじゃないかなって思うんですよ。

ハン　そうですね。観客に鍛えられるというか。『パラサイト』がオスカーを獲ったときに、ＣＰ（責任プロデューサー）のイ・ミギョンさんが「（韓国映画は）観客が育ててくれた」というようなことを言っていましたよね。ただ、それは韓国の素晴らしいところではあるのだけれど、最近は悪いところも目につくことがあって。ものすごくネット炎上したり。

西森　行き過ぎてしまうことがありますね。でも、それってやっぱり「好き嫌い」に落とし込められたときなんじゃないですかね。

ハン　なるほど。でもそういう緊張状態の中でものを作っているというのはあると思うんですよね。内容もそうだし、政治的によろしくないことを言ったりしたら、めちゃくちゃ強く抗議されるとか。ＢＴＳとかを観てても明らかなのは、どうやって観客に向き合うか、どういう風に語るかっていうことをものすごくよく考えているということ。誰に向かって何を言うのかをしっかり考えていますし、やっぱり本とかをよく読んでますね。

よく勉強してる。

西森　ＢＴＳがなぜあそこまでの成功をしたのかっていうことは、いろんな議論がされていますが、結局はさっきハンさんが言ったように、技術＝スキルがあるというのは前提だとしても、それだけではないんですよね。

ハン　特に、ある種のアイドルやスターは、やはりコミュニケーションあっての存在ですから。下らない意味での人間力とかではなくてね。

西森　ほんとですよね。応援している人や、周囲にいる人にとってだけの、「いい人」とか「悪い人」っていうレベルの話じゃない。

ハン　誠実さというか。誠実にものを作って、誠実に語りかける、ということですね。で、批評も受け止める。

西森　そこでいうと、ファンダムの側も、「好き」が強過ぎると、批評を切り離すことができないということはあって。たとえば、ある俳優が、悪役ではあるけれど、その作品の中で、善悪とは何かを深く考えさせる役を演じ切っていたとします。でも、宣伝の段階では、ネタバレをさせたくないということがあったり、「悪役はよくないから、それは言わないでおこう」という、要らぬ忖度もあったりして、彼の役を是か非かではないものとして紹介していたとします。そうすると、批評で彼のことを悪であるという前提で論じると、公式はどっちでもないと言っているのに、批評が悪と決めつけるのはよくない、という風になりがちなんです。それこそこの対談でしてきた「どっちもどっち」に引っぱられているのかもしれません。

ハン　役とその俳優を同じように見ちゃうということですか。

西森　そうですね。批評としてその俳優の演技を誉めているのにも限らず、逆だと捉えられてしまう。「悪」って言葉に引っ張られているというのもあるかもしれません。

ハン　悪役なんだから、「悪く」演じる方がいいのは当たり前なのに。

西森　何を悪と捉えているのかってことが、作品の主題に深くかかわりますからね。まあ、ネットになるとたくさんの人が読むから、仕方ないのかもしれないけれど、意味なくこき下ろしているのでもなく、むしろ褒めているというのに、悪く言われたと取られて、そこからの議論が深められないというか、そこに描かれている本質にたどり着けないという事例は結構ありますね。

エンタメとフェミニズムなど

西森　先ほどのBTSの話にもありましたけど、日本のTwitterなどからフェミニズムに目覚めたり、批評とかも悪くないいんじゃないかと気づく人って、韓国のものに目を付けたことがきっかけになっている人が多いいんじゃないかと思うんです、わたしが観測するに。

ハン　そういうタイプの人が韓国コンテンツを楽しむ傾向が強い、ということはあるのかもしれないけど……。

西森　最初のうちは、フェミニズムに関心のある人が韓国コンテンツを楽しんでいたということが先だったかもしれないんですけど、逆も出てきたと思うんですよ。最近チョ・ナムジュの新しい短編集『彼女の名前は』（筑摩書房）を読んでいたんですけど、すごいセンシティブだなぁと感じたんです。日本で全然気にしないようなことを、ちゃんと気にしてきている、初めて女性アイドルのファンになった女性の話があるんですが、女性アイドルがテレビで愛敬……韓国では「愛嬌《エギョ》」って単語になるくらい、アイドルのやるものとして確立してるわけですけど、それをふりまくようなことを求められるのを、そのファンがものすごく嫌がって、それを阻止するために現場に行ってやらないでと訴える、という話があって。その抵抗がどこまで一般的なのかわからないのですが。日本では、愛嬌を求められるということに、アイドルが搾取されていると考える人は今のところほとんどいないわけで、韓国のそういうセンシティブな目線を見て、「ああそうだよな、すごいな」って思うことはありますね。日本よりも、もっと沸点が低いわけじゃないですか。

ハン　ただ、それだけに反発も大きいし、現実が全然そうじゃないからそういう声があって目立つのかもしれないし。たとえばRedVelvetのアイリーンが『82年生まれ、キム・ジヨン』を持っていただけで、めちゃくちゃに叩かれるとか。だって映画版にチョン・ユミが出るっていうだけでチョン・ユミは叩かれて。でもコン・ユは叩かれないんですよね……。だから、大変ですよ。だからそれは、どっちもあるからそうであるということで。「韓国すごいね」って言われるけど、いやいや……。

西森　どっちに対しても、意見があがりやすいということですね。まあ「すごいね」というのは、単にわたしの語彙力の問題なんですけど、別に変に持ち上げるように感心しているというわけでなくて、驚きもあるし、違いがありますねとか、「すごくセンシティブなんですね」という風に程度をあらわす意味もあったりするので。だって、アイドルが水着かそれ以上の露出でグラビアを撮ることすら当たり前の仕事の中のひとつと思っている日本の状況にあるので、そこに驚くということはあると思うんです。

ハン　なるほど。で、それもやはり競争社会みたいなこととも連動しているんじゃないかと。言わないと潰されるから言い続けているというか。いずれにしても、大変だと思います。

西森　ただ、さっきも言ったように、アイドルが水着グラビアになって人気を競うという競争社会もあって、そのことが当たり前になり過ぎて、無関心であったということを、違う文化を通じて初めて思い知ることもあるということなんです。それは逆のこともあるかもしれないし。どちらにも固有の問題をはらんでいるということはもちろんあると思います。

（構成：西森路代）

③

変わりゆく韓国ドラマ

〜世界のトレンドや日本との比較など

内省的かつ、癒し系の韓国ドラマの世界——際立つ日本の特殊性

西森路代×ハン・トンヒョン

（二〇二〇年九月二十六日駒草出版会議室、同年十一月八日Zoomにて収録）

※語りおろし

第三次韓流ブーム到来？と騒がれた韓国ドラマ『愛の不時着』（tvN　2019～2020年）や『梨泰院クラス』（JTBC 2020年）の日本でのヒット。しかし、本国韓国や他のアジア各国ではヒット作品の傾向はまったく違うようです。また、日本では社会性を追求した作品の台頭も。韓国ドラマの傾向を追いながら、日本との比較やそれぞれの社会背景などについても語り合います。

〝わかりにくさ〟を求め始めた韓国ドラマ

ハン　この本には、今までわたしたちが行ってきた対談が載っているわけですけれど、最初の、二〇一四年のオリコンの対談のあたりでは、実際の掲載分にはそんなに反映されていないけど、確か日本の自意識の「閉じた」感じをネガティブには捉えていなかったんですよね。むしろ先にあるものとして見ていたというか。

西森　そうですね。日本のコンテンツが、自意識というか、自分の内面をテーマにできている、内省的であるということをポジティブに捉えていたんですよね。韓国は、いつそうなるのかなと思ったけど、なかなかこなくて、そしたら、今きたんじゃないかっていう。

ハン　そう！　最近の韓国ドラマを見ていると、韓国にもついにそういう感じがきたな、と。

西森　それ、わたしも話したかったんです！

ハン　最近の韓国のドラマは、自分探し、アイデンティティとかをテーマにしているものが増えているような気がします。タイムラグの問題もあるけど、映画に比べても。

西森　韓国ドラマを観てると、いつまでも本題に入らないなと思ってしまう自分がいて。

ハン　それは尺が長いから、引っ張らないといけないからじゃないの？　ってか、テーマの話じゃなくて？

西森　いや、まったくテーマと関係ないわけではなくて、わたしが「なかなか本題に入らない」と思うのは、個人的なテーマで始まり、もっと大きな、個人的ではない大きな出来事に巻き込まれる瞬間がくるのではないか、という期待があるからだと思うんです。でも、個人的なテーマでいこうとしているドラマにそれを求めるのは違ってたんだという。一方で、『愛の不時着』って、始まってすぐに事件が起こるわけで、そういうこれまでに期待されていた物語性で引っ張ってるからあんなに日本で受けるんだろうな、という感じがするんです。一話から本題に入るし、飽きさせない仕掛けもあって。

ハン わかりやすいですよね。

西森 『梨泰院クラス』も同じで、一話でこんなことが起こりましたよ、とわかる作りになってって。

ハン なるほど。テーマそのもののわかりやすさがそこに表われているってことか。しかも前者は純愛、後者は勧善懲悪っていう、日本人が好きな二大テーマ。だからこの二本が日本で突出して人気なのは、完全にそこかなと。

西森 でも、最近の他の韓国ドラマを観てみると、あの二本とは違うし、だからこそかつての勧善懲悪と純愛のつもりで見ていて、本題は?ってなるんだと思ったんです。

ハン むしろあの二作品は、今の韓国の人たちにフィットしたテーマじゃないような気がするんですよね、おそらく。

西森 ほんとに。他のドラマは、何というか、人々のふつうの暮らしをていねいに追い過ぎて本題に入らないという。

ハン いや、それこそが本題なんだと思う（笑）。

西森 ですよね（笑）。だから、そういう一話完結、勧善懲悪、メリハリのあるストーリー展開に慣れているというか、それを基本やった上でないと企画が通らないという日本のコンテンツを見ていたからこそ、「本題に入らない」と思うのではないかということです。最近の韓国ドラマは、それとは逆のことをやりたいんだろうな、というのは感じています。だから逆に、『愛の不時着』と『梨泰院クラス』以降、日本で流行るというか、いわゆる韓国ドラマファンではない一般の人が飛びつくような、三本目の作品が出てこないというのもよくわかります。

ハン　でも韓国ドラマが好きになった人はそこからいろいろ観ているんじゃないですかね。

西森　その広がりはあったでしょうね。ただ、韓国ドラマは、「わかりやすくはない」世界を描きたくなっているんだと思います。これは、「わかりやすさ」を求めすぎている日本のドラマとは対極で。ちょうど、『トッケビ　君がくれた愛しい日々』（tvN　二〇一六〜二〇一七年　以下『トッケビ』）が出た頃くらいからちょっと違う感じになっているらしいよ、というのを聞いていました。どうしてなんでしょうね？

ハン　『トッケビ』はファンタジーだったけど、そういう精神的なものというか、内省的なものの方が、世界というか、韓国人の気持ちにもフィットしているからなんじゃないですかね？　そういう空気は世界的な傾向としてもあって。たとえばビリー・アイリッシュとかも暗いじゃないですか。世界中の若者が、ああいう内省的で、自分を問い直しつつ、社会とつながろうとするという感覚をもち始めているというか。そこってBTSとかも近いように思うんです。

内省的なムードは世界的な傾向？

ハン　最近の『サイコだけど大丈夫』（tvN 二〇二〇年）を見ても、そういう言葉は使っていないけどアダルトチルドレンの話だし、日本だと一九八〇〜一九九〇年代のドラマみたいというか、結局みんな、自分探しをしている感じで。で、当時日本のドラマはそういうことを言っていたんだけど、他のアジアの国々は、まだ生きるのに必死でがつがつしていて、そんな余裕もなくて。

西森　そうかもしれません。村上春樹がアジアで伝わる順番みたいなのが、文化的な余裕と相関しているっていう話もありましたしね。

ハン　なるほど。『バーニング　劇場版』（二〇一八年）についてもいろいろ話したいところだけど。まあだから、今や韓国がある程度経済成長を遂げて、もはやふり返る余裕をもった、とも言えると同時に、ビリー・アイリッシュみたいな内省的な感じがむしろ世界的な空気としてあって。それは資本主義の行き詰まりってことであるとも思うのだけど、アメリカの若い子もみんな悩んでいて、たぶんアジアも全体的に先進国になったのでそうだし、中国の子も悩んでる。もしかすると逆に日本人だけが何も考えていないのかなぁ？　で、わたしは観ていないので西森さんがしてくれる話に即して言うと、最近は日本のドラマが社会派みたいな感じになっているということで。でもそのズレというかギャップが（笑）。わたしはあんまり、日本特殊論みたいな話はしたくないのですが。

西森　いや、結構ずっと特殊であり続けていると思います。でも、世界のトレンドとか、ケン・ローチとかのことを考えると、日本が社会的になってきてるということは、そこまで特殊じゃない気がするんですけど。わたしは、ケン・ローチ的な世界が世界のトレンドかと思ったので。その世界のトレンドに日本が近づこうとしているという感じがあって、それで日本のドラマが、個人的なところから、わりと社会的な方向に向かっているんだと思います。

ハン　そういえば最近（二〇二〇年八月）、Netflix（以下ネトフリ）における韓国ドラマのアジア各国でのランキングを見たんですが、日本だけ『愛の不時着』『梨泰院クラス』が首位で、アジア各国での首位は『サイコだけど大丈夫』。で、それは韓国もそうなんですよ。日本だけ、違う（笑）。

西森　それはいつでもそうですね。韓流ブームだって、中国ではヨン様ではなく、アン・ジェウクの『星に願いを』（MBS　一九九七年）からだったわけで。二〇〇〇年代のアジアのペプシのCMが、日本と日本以外のアジアがきっちり分けられていたりとかもありましたし。日本だけが特殊だったというのは、本当に今に始まったことではなくて。

ハン　なるほど。アジア各国で『サイコだけど大丈夫』大人気のようです。心の痛みを抱えた若者たちがつながり、家族を作って、癒しを与え合い、自分を取り戻すというような話で。ここだけ見ると、やっぱり少し前の日本っぽい。もちろん、映像や見せ方はものすごく洗練されていて新しいのですが。

西森　疑似家族は、最近までもずっと日本には形を替えながらも、いつでもありますね。坂元裕二の『カルテット』（TBS　二〇一七年）とか……。

ハン　だからやっぱりこういうテーマは日本が先を行っていたところはあって、疑似家族はもはや日本の伝統とも言えるかも（笑）。最近だと何といっても『万引き家族』だし、たとえばうちの学生たちも繰り返し出してくるモチーフです。

社会派志向のドラマと迷走する映画、日本独自のねじれ

西森　日本の場合は、映画よりもドラマの方に社会的なテーマが反映されたものが多いというように、またここにもねじれがあるんですよね。だから社会的なことを描いた作品については、現時点ではドラマで語るしかないんですが、野木亜紀子さんのやってることは、公権力が規範を守らなければ、国は終わってしまうではないか、っていうのが基本にあって。それって、ポン・ジュノの映画とか、近年の韓国映画にもリンクするものなんですよね。

ハン　それはこの間、日本で起きたことを批判してるわけですよね？

西森　そうです。

ハン　野木さんにそこの危機感があるからそういうことを描いているんですよね？

西森　ですね。警察の末端の人が規範を守らないと、全体の規範は守れないし、個人が資料をシュレッダーにかけてしまうのが当たり前だと思ってしまうのはおかしくない？というものもあれば、フェイクニュースを題材にしたものもあるし、あとは個人がひきこもってしまうことに対してとか、女性が自分の人生を歩めてないよねっていう実感

が語られていたりとか、社会的なことが表に立っているものも、個人的なことが表になっているのも、どちらも自在にという感じですね。

ハン　似たような話といっていいかわからないけど、韓国でそういう感じのストーリーで映画だとしたら、八〇年代くらいをふり返っているものにその手の作品が多いですね。『1987、ある闘いの真実』（二〇一七年　以下『1987』）とか。軍事政権の頃だから、ひどさの度合いが違うというか、韓国の場合は人がたくさん死んだりしているので、日本の政権の腐敗みたいなものと比較するのは憚られるところはあるけど。

西森　ここから増えるかどうかはまだわからないけれど、日本でも作られ始めた感じはしますね。

ハン　それを突き詰めればグローバルなものになるかもしれませんね。その手法というところでは、やはり韓国映画は蓄積されたものがあるのでそういうことに慣れているかと。たとえば自分の国のダメなところや南北分断の悲劇をブロックバスターのエンターテインメントにして売るということを九〇年代の終わりくらいからやってきているので。具体的には『シュリ』（一九九九年）以降の一連の作品ですね。その辺はもう、伝統芸といっていいくらい。二〇年間くらいやってきて、洗練されている。わたしはその辺の日本のドラマを観てはいないけれど、そこにいくにはまだまだ大変だろうな、とは思います。あとドラマだったらせめてネトフリで世界に向けて配信しないとなあ、とは思ったりしますが。世界に届けたいって思っているのと、実際に世界のマーケットで勝負しながら作るのはまったく違うことなので。

西森　そうですね、まあ、世界的に見てもらうかどうかっていうのは、もう少しシステムに踏み込んだ話になるので難しいことではありますが。それと、作品っていうのは、プロデューサーありきなので、まずは日本のネトフリのように世界に向けて配信する際にどういうものを作りたいかということの中に、今のテレビの世界で評価されているような社会的なことと自分をつなげて書けるような作家に目を向けようとはしていないということがあるので。ネトフリは、世界に向けて「ウケる」と思っている世界が、蜷川実花の描く東京であったり、AV業界の歴史であったりするので。それで言うと、ネトフリでドラマ化もされる日本映画の話になりますが、『新聞記者』（二〇一九年）は観ました？

ハン　いいえ、恥ずかしながら……。

西森　『新聞記者』では、途中までは日本社会にある問題点が提起されているけど、最後は、是か非かがうやむやな感じで終わってしまう印象をもちました。そこについては、これまでと同じなんですけど。この作品の監督は藤井道人さんと言って、三〇代半ばなんですけど、わたしは『青の帰り道』（二〇一八年）という青春映画を観ても、すごく良くて、うまいなと思ってはいたんです。それで、藤井監督にインタビューする機会があったんですが、すると「韓国であれば、政治映画がしっかり根付いているし、史実に基づいた映画が多い分、史実に基づいた結末が描けるけれど、日本でそれをやるには早いと思うんです」、と言っていて。だから、「曖昧な終わり方でいいの？」という視点をわたしももっていたんですが、あの公開の時点では、それもそうだなと思って。

ハン　やはり裾野が広くないと洗練されていかな

いということなのかな？

西森　そうですね。まあだから、今が日本では社会的なことを描くということの始まりなんだなと思いました。

ハン　当然ながら、たくさんあればその中にダメなものもあるし、いいものもある。でも、ひとつふたつだけではどうにもならないというか。でも、「こういうの作ってもいいんだ」っていう人がどんどん出てきたらいいとは思いますよね。

西森　そうですね。

ハン　だから、さっきの「悪い会議」の話のように、プロデューサーが「理由なんかいらない」「ノリでいいんだ」とか言ってたら、出てこられないでしょうね。

西森　そうですね。でも、ドラマの世界ではポツポツ出てき始めているんです。どちらかというと、フェミニズムを描いた作品は本当にワンクールにひとつはありますね。フェミニズムを、妖怪の話とか、RPGの中で描くと、すごくうまくいくんですよ。だから、面白いものはポツポツとは出てきているんです。

ハン　ただ、そういうものが届くべき人に届いていない感じはするんですよね。

西森　そうですね。わたしは野木（亜紀子）さんの作品って、韓国映画が好きな人にこそ観てほしいと思うし、面白いと感じると思うんですけど、まだそこには届いてない気はしますね。最近、『アンナチュラル』（TBS　二〇一八年）がAmazonプライム・ビデオにあがったことで、韓国映画好きの人が結構見ていて、順調にハマっていました。「テレビ」で放送されているものを見るという感覚が何となく避けられている気はしますね。

映画やドラマに表われた社会の変化

西森　ちょっと話戻りますが、個人的で内省的で自意識を描くのは、日本のお家芸のようなものだったわけじゃないですか。まあ、そこがあまりにも先鋭的になると、シニカル過ぎるというか、冷笑的な自意識みたいなものまで肥大していく感じが今という気はしますが。

ハン　そうですね、自我とかアイデンティティとか……。

西森　さっきも出たように、韓国にもそういう流れが……今、きていますよね。

ハン　思うに、たぶん韓国は後期近代になったんですよ。

西森　で、逆に日本は……。

ハン　ただ、かつての日本映画には社会派のエンタメ作がたくさんあったと思うんです。たとえば今村昌平の映画だって。

西森　先回りし過ぎて、もう一周目がきた、っていうことなんですかね。

ハン　そうなんですかね……？　映画でふつうにそういう社会派エンタメが元気だった時代があったけど、映画という産業自体が衰退してしまって。近年、製作委員会方式でテレビドラマの映画化とか、アニメの大作とかで映画が盛り返してはいるけれど、かつてのような映画というのはもう作らないというか、かつてのようには作れないというか、そういう話だったりもするのかな。

同時に、大きな物語、小さな物語という意味だと、大きな物語があまり受け入れられないようになってきたっていうのはあったと思います。一九八〇年代くらいからね。つまり、人々がそういうところにあまり関心を示さなくなってきた、っていうか。

西森　平和だったからということですかね？

ハン　学生運動は負けて、経済成長も終わって。もともと私小説とかの伝統があったわけで、そういう流れでずっときていたんだけど……。

西森　再び不穏になってきたと……。

ハン　はい、やはりそれでいいのかという問題提起というか。たとえばジェンダーのことなど、このままでいいのかというのはこの十年くらいで議論されるようになったように思います。貧富の格差や貧困問題が可視化され、なかなか状況が良くならないということに気づき始めた。そしてはっと周りを見まわしたら、外国人とかもひどいことになっているし、そういうことが少しずつ、映画とかドラマとかに反映されるようになってきた、ってことなのかもしれません。ただね、急に作ろうと思っても、やはり継承と蓄積の問題なのかな……。

西森　そうですね、この二十年くらいやっていなかったから。ドキュメンタリーなんかを観るとやってたんですけど、観られていなかったというのもあるし。

ハン　そういう流れって、ゼロサムじゃないし、フラットに行ったり来たりするわけじゃないと思うんですよね。時代が違うわけですし。今の韓国ドラマを観ていて、個人的な話というか、自己肯定とか癒しとかそういうものが目立つけれども、やっぱり社会性は消えてはいないですから。

西森 そうですね。

ハン そこはむしろ、前提としてあるというか。だから、個人だけに閉じてはいかない。『はちどり』とかもそうですよね？　この作品ははっきりと個人の物語を通じて社会を見るということを意識しているし、ドラマとかでも、たとえそれが建前だとしても正しさのようなものはもはや前提としてあって、個人の話だけでいい、という風にはならないんですよね、おそらく。個人の問題も社会と切り離された問題としてではなく社会の中の問題として見ていると思うので。

でもそれはかつての日本のドラマ、たとえば山田太一の作品もそうでしたよね。『岸辺のアルバム』（TBS　一九七七年）とか『ふぞろいの林檎たち』（TBS　一九八三〜一九八七年）とかさ。最近の韓国ドラマを観ると、ああいうのを思い出しますね。

西森 たとえば今の韓国のドラマだとどんな作品に感じますか？

ハン 『マイ・ディア・ミスター　私のおじさん』（tvN　二〇一八年）の、地域や人とのつながりを求める感じとか。IUが演じているジウンの貧困には社会的な背景があって、でもだからこそそれが解決なのかはわからないけど、人はひとりじゃないっていうメッセージがある。『椿の花咲く頃』（KBS　二〇一九年）もそうです。恋愛はあるのだけど、そこに重きを置いているというより女性が自分を取り戻す自己肯定の物語なんです。その過程で地域の人とのつながり、女性どうしの連帯も描かれていて。先ほど言及した『サイコでも大丈夫』も含めてこの三作に共通するテーマは、人とつながることで自分を取り戻すこと。そして、基本的に弱者、社会的にあまり恵まれていない人が主人公。『愛の不時着』のセリみたいな成功者もいるけど、あれは最近の韓国ドラマの傾向からいうと邪道かな？　社会の中でのけ者にされてきた人が主人公のケースが多い。『椿の花〜』のヒロインはシングルマザーで苦労をしてるし、IUは極貧でひどい目に遭ってもいる。だから、成功した人ってほとんどいなくて。

何というかこれらから感じるのは、韓国社会の人はみんな、疲れてるんだな、ということ。特に、この十年くらい？で、その疲れた韓国人が、人とのつながりを求めたり、自分はひとりじゃないと感じられるものを求めているんじゃないかと。『賢い医師生活』（tvN　二〇二〇年）はあんまりそういう感じではないけど、でも、昔の同級生どうしで癒し合うみたいな……これもある意味日本のドラマみたいだな。何ていうか、わりと小さい幸せを慈しむというか……？　日常の小さい幸せを求めていく感じだけど、閉じてはいないと思います。

西森　『賢い医師生活』が日本の昔のドラマみたいだっていうのはすごくわかりますね。逆に今はあんまりないんですけど、日常を淡々と描く、というのがかつての日本のイメージとしてありますよね。

『愛の不時着』『梨泰院クラス』の異質な存在感

西森　だから、本当に久しぶりの韓国ドラマとして『愛の不時着』と『梨泰院クラス』を観て、昔、韓流ブームの時に観たものとすごく感覚が似ているな、って思ったんです。でも他の韓国ドラマを観たら、あの二作が違っていたのか、というのがわかって。

ハン　そうですね。ただあの二作、テーマは古いのですが、見せ方が新しいんですよ。『愛の不時着』には、南北分断というか北朝鮮という「フック」があって。そういう意味では、ちゃんと見ていないのに出すのは恐縮ですが、『おっさんずラブ』（テレビ朝日　二〇一八〜二〇一九年）に似ている部分があるように思います。

西森　ああ、ちゃんと目を引くテーマがあるということですね。

ハン　はい、目を引くテーマというか、社会的だったり「正しさ」も取り込むような「チャレンジング」で「新鮮」な道具立てがある。恋愛の形としては新しくはないんだけど……。

西森　運命とか。

ハン　はい、運命の愛とか。そこは今まで蓄積されてきた視聴者を胸キュンにさせる恋愛ドラマのありとあらゆる手法を凝らしつつ、でもそれを古臭く見せないための前提や設定が洗練されている。それによってありきたりの男女の関係性ではないというか。

西森　そうですね。

ハン　ふたりが対等ではあるということは大きいですね。純愛自体は古いけど、上下関係はないというか。ここは南北分断と有機的に絡んでいて上手いと思ったのだけど、双方が双方の社会で権力をもっている。で、『梨泰院クラス』も、古い復讐劇なんだけれど……。

西森 はい、昔ながらの。でも多様性とかも入れつつ。

ハン そうですね。でも、取り入れるのは評価したいところだけどマイノリティの描き方は雑で批判したいところも多々あります。で、あのドラマの一番の新しさは、主人公のセロイが長家の会長に土下座をさせるところだと思いました。あれは韓国人にとってとても衝撃的なんじゃないかと。韓国社会って、すごく封建的なところも残っているから。

西森 確かに。

ハン 日本人は土下座なんてそんなもんだと思うかもしれないけど、いくら悪いおやじでも、あの年の差があって、若者に土下座をする絵面というのは、やっぱり衝撃的なんじゃないかな。韓国は、日本よりも世代間対立が激しい社会なので、『梨泰院クラス』は若者が旧世代をぶち破る話として新しいんだろうなと思いました。とはいえその新しさは韓国の文脈の話です。でも構図は基本的に古いし、原作がウェブトゥーンなこともあるかもしれないけど、日本では『少年ジャンプ』のマンガみたいだから受けたんだろうなと思っています。いや、『半沢直樹』か。でもまあ、飽きさせずに見せる工夫はされてますよね。でもわたしにとってはちょっと子どもっぽく感じちゃったかな。

「何も起こらない」韓国ドラマが増えている？

西森 この本にも何度も出てきますが、かつて、韓国の人は日本のドラマや映画や小説のことを

「淡々としていて、何も起こらないのに、でもお話として成り立っている」と評価している人が多かったんですね。その頃は、「いや日本の映画にもいろいろ起こってるし！」と思ったけれど、何となくその意味がわかるようになってきて。『はちどり』も彼らが言っていた「何も起こらない」タイプの話ではないかと思っていて。それはどういうことかっていうと、たとえば何か事故が起こってその事故を利用して、急展開させようという意味での出来事が起こらないということです。事故が、話が転がるためのギミックだったのが昔の韓流ドラマだとしたら、『はちどり』は、事故は話が転がるためのものじゃなくて、事故によって何を思うかという扱い方だったたと思うんです。昔の韓流ドラマは、事故によって主人公の運命が変わったりするための、起点だったというか。最近韓国ドラマは、事故が起こること自体もすごく少なくなってきている。

ハン そうですね。いわゆるステレオタイプな韓国ドラマではなくなってきていますね。それすらもドラマの中でネタになっていたりするし、まあだからすでにこれ自体が古い認識なんでしょうが。

西森 そういうのがダサいと思っているのかなと思ったんですが。

ハン それはあるかもしれません。ってか、視聴者の目は厳しいし、最近はドラマも世界が相手だからなおさらで、少しでも面白くて質の高いものを作ろうという努力と情熱は半端ないと思います。どんどん更新されている感じ。ただまあ、この辺はインフラについてくわしくないと何とも言えないところはありますが。

尺、ジャンル、製作費etc〜韓国と日本、ドラマ制作の課題

西森　昔はよく、アメリカのドラマって、長くて、シーズンがあって、今の韓国ドラマみたいな感じだったから、日本のドラマはそれに合わせないと（世界には）行けないって言われていたみたいなんですが、ネトフリができたことで、意外と一回三十分十話とかでもいいんだという感じになってきているみたいです。

ハン　今はネット（配信）があるから、その辺も昔よりは自由なのかもしれないですね。韓国は地上波のドラマがああいう風にアメリカ式じゃないですか。一回が長いし、十何話とかある。もしかすると、韓国ドラマがわりと日本で評価されているのは、長いことにも一因があるのかもしれない。じっくり時間とお金をかけて周辺人物をていねいに描くものが多いでしょ。やはり状況と内容って連動するので。十六話で、一回一時間、場合によっては一時間半とかあるからこそ、周辺人物とかもきちんと描かないといけないし、それによって深みが出て、そういうのが好きな人は好きだと思います。

だから、基本的な特徴として、主人公は何人とかじゃなく、人がたくさん出て来る群像劇になりがちということとか。それぞれのキャラクターをしっかり描くのと、あと、ジャンルがひとつに括れないということもありますね。いくつかのジャンルが複合したような話になっていて、たとえば『椿の花咲く頃』とかも、ヒューマンだけどラブコメでもあり、サスペンスでもあるという。これは韓国映画の特徴でもあると思います。ジャンル

で括れないというか、ジャンルてんこ盛りというところ。特に大作は。

ドラマにおいても最近どれを観てもそうで、ひと言でこれは何、って言えないドラマばかり。それは長尺であることともかかわっていて。長尺を飽きさせずに見せようとすると、自然とそうなるんだろうなと思います。いや、飽きさせないための工夫であるとも思うけど、ものすごいエネルギーの要る作り方ですよね。それがとりあえず今はいい方向にいっているのではないでしょうか。映画で培った技術もあるし、お金があるからできていることだと思うし。

西森　そうですね。日本の映画業界の方とかも、韓国映画やドラマには、今、すごくお金があるんだろうな、というのを感じるって言ってました。ひとつ思ったのが、たとえば今の韓国ドラマの企画書を書くときに、内容といってもいろんな要素が絡んでるから、ひと言では言い表せない感じがありますよね。『椿の花〜』とかも、いろんな要素が入ってくる話だから、企画書をひと言で説明するのは難しいわけで。それだと今の日本のドラマ界や映画界では通らない。絶対に「何が言いたいの?」って言われちゃうと思うんです。

でも、本来ドラマを作る方の人は、(企画を)そんなに簡単にひと言で言えるわけないと思いながら作ってるはずだから、単純明快じゃない企画が通るというのは豊かなんだな、と。『トッケビ』のときに聞きましたが、韓国ではドラマを作るときにも、脚本を全部じゃないにしても事前にかなり緻密に作ってテレビ局や、その脚本だからこそ、この人に主演してもらいたいという俳優が読んで、それでGOが出ないと前に進まないって言いますしね。全部じゃないかもしれないけれど、企画書や主演俳優ありきでことが進むんじゃなくて、脚本でことが進むんだなと。日本だと、このクールではこの俳優が出ますからっていうのが決まっている場合もありますし、作り手が決して簡単にひと言では表せない企画を「わかりやすい」ことに落とし込んで通していたりするんだなと思いますね。変なところに知恵を使わないといけない状況があるようなんです。

ハン　その努力はリスペクトするけれど、そうやってゲリラ的にやらないとできないとなると、それは状況的に難しいですよね。

西森　そうなんです、そこに打ち勝った人にしか企画を実行できないし、いい前例をたくさん作らないと、後進も育たないという。

ハン　なおかつ成果を上げて……。

西森　はい、視聴率も取ったら、次はもっと企画が通りやすくなる、信頼し合った仕事仲間と、自分たちの本当にやりたいことがやれるようになるので。それを本当に地道にやっているのが、野木亜紀子さんが脚本の『アンナチュラル』とか『MIU404』（TBS　二〇二〇年）なんですよね。

（構成：西森路代）

④

韓国映画のこれから
～女性監督の躍進とヒット映画に見る時代の気分

『パラサイト　半地下の家族』、『はちどり』、そして『82年生まれ、キム・ジヨン』へ

西森路代＋ハン・トンヒョン

（二〇二〇年九月二十六日駒草出版会議室、同年十一月八日Zoomにて収録）

※語りおろし

翻訳ものとしては異例のヒットとなった『82 年生まれ、キム・ジヨン』（2019 年、以下『キム・ジヨン』）の映画版が 2020 年の秋、日本でも公開されました。本国では原作がフェミニズム論争を呼び起こした題材なだけに、『パラサイト　半地下の家族』（2019 年、以下『パラサイト』）、『はちどり』（2018 年）同様、社会や女性の生き方について考えさせられる点の多い作品です。これらの作品についての比較や女性監督の活躍について話し合います。また、最近のヒット作の傾向や変わりつつあるテーマ設定などについても触れていきます。

次の世代が語り始めた〝わたしたち〟の物語

西森　一章でも触れましたが、ハンさんは『パラサイト』と『はちどり』が同じ時代に世に公開されたことについて、どう思われます？

ハン　両作品とも、それだけがテーマではないけれど、韓国の家族を描いた作品ですよね。時代設定は『はちどり』が一九九四年、『パラサイト』は現代で、異なってはいますが。『パラサイト』は、社会での貧富の格差という「大きな物語」に、家族内の差異といった「小さな物語」が覆い隠されるようになっているけど、『はちどり』はその逆だと『ユリイカ』二〇二〇年五月号のエッセイに書きました（本書P．一七二に収録）。『はちどり』は、ウニという個人の「小さな物語」を通して、大きく変化していた当時の韓国社会、「大きな物語」を見通すという構造になっています。

西森　それを聞いて思ったのですが、『はちどり』に一九九四年のこの橋（聖水《ソンス》大橋）の崩落のことが出てくるじゃないですか。あの崩落の話を他の映画で見たことはありますか？

ハン　同じような意味をもつ出来事として翌一九九五年には三豊《サンプン》デパートの崩壊という事故もありましたが、わたしは見ていないかな……。

西森　そのデパートの事故を扱った映画『ノートに眠った願いごと』（二〇〇六年）は公開当時観ていたんですが、デパート崩壊という大きな出来事が起きて、そこに取り残された人たちの、短い時間での交流と残された恋人のことを書いた話で。だから、そのデパートの事故が社会的なものとつながってるっていうイメージは、当時のわたしにはわからなくて。だけど、『はちどり』を観たら、あの橋の事故の話というのは、社会が成長を急いだでいるということに関係があるのかなとイメージできました。

ハン それは『はちどり』という映画の力なのか、西森さんがそういう見方をするようになったということなのか、どっちだと思いますか？

西森 そうですね。どっちもありますね。そういう映画が少なかったのもあるし、少ないのでそういう視点ももちにくかったのかなと。それ以上に、まだ韓国のことで知っていることも少なかったですね。

ハン 前の部分でも話しましたが、『はちどり』のキム・ボラ監督がそういうことを意識していたのは確かだと思います。わたしはその二〇〇六年の映画を観ていないので比較はできませんが、『はちどり』を起点に話すとしたら、『キム・ジョン』もそうですが、今、八〇年代に生まれて九〇年代に青春時代を送った四〇代の人たちが語り始めているというのはありますよね。その世代の人たちが作り手になってきている。中でも女性たち。それは、二〇一六年に面識のない男性から女性が殺害された江南の事件でフェミニズムが盛り上がってきたということもあって、自分の過去をフェミニズムの視点から改めてふり返って物語にする。『はちどり』の主人公ウニが一九九四年に一四歳だったっていうのは実際にキム・ボラ監督の年齢で、それは個人的なことではあるんだけど、女性の、しかも少女の視点で当時をふり返ることは、そういう物語がなかっただけにものすごく社会批評的な行為で。そういう意味で、あの映画は個人的なことだけに閉じていかない構図になっていると思います。

個人的な経験のふり返りであっても、あのときのあれは何だったんだろう、何が起こっていたんだろうという「問い」の射程が個人を超えて社会的なものになっている。そういう目線がはっきりと感じられますよね。このような、わたしたちが生きてきたのはどんな時代だったんだろう、どんな社会だったんだろう、さらにはそこで見過ごされてきたもの、こぼれ落ちてしまったものは何だろうという目線には、「セウォル号」事件の影響や、その後、朴槿恵《パク・クネ》大統領に対して退陣を求めたろうそく革命の流れも感じます。

ポン・ジュノより上の人たち三八六世代、今では五八六世代と言われる主に男性たちが担っていた『シュリ』（一九九九年）や『ＪＳＡ』（二〇〇〇年）以降の、社会派エンタメのブロックバスター大作っていうひとつの大きな流れがあって。あれは個人から出たものというよりももっと大きな状況、たとえば南北分断とか軍事政権と闘う民主化運動とか過去の植民地支配への抵抗だとか、そういったことを扱っています。それらはもちろん、当時の彼らにとっては切実な問題だったし、今もそうだとは思うのですが、もっと大上段に構えて国や社会の問題としてアプローチしていたと思います。そのような固有な文脈があったからこそ、むしろグローバルに通用する力をもったとも思うんですけど。でもそれが行き着いた先としての『パラサイト』を見ると、むしろ透明化、あるいは無色化されてしまったというか、韓国的な文脈が後景化しているように感じて、それはそれで興味深いなと思っています。

一方で『はちどり』は、個人というところから始まって、でもそこで自分の思い出というところに留まらない。自分の経験をふり返る上でフェミニズムという「新たな」視点、新たな座標軸があって……。これはもしかしたら韓国の文学とかにも共通することなのかもしれません。だから個人の話をしても、それだけに絶対留まらないというか、個人のことを語るとそこに行き着くし、行き着かざるを得ない。それは正しいと思うんです。そこにすごく意識的でしかも上手だったから、この映画がこれほどまでに評価されているんじゃないかと思っています。もちろん、グローバルにも評価されていますよね。

西森　ひとつ聞きたかったのですが、『はちどり』に出てくる聖水《ソンス》大橋の崩落は、その当時一四歳だった人にとっては、どう見えていたんでしょう。今わたしたちが問題点だと感じるようなことを、一四歳のときにぼんやりとでも感じていたのかな、と。

ハン　どうなんでしょうね。たとえば日本では同じ時期にオウムの地下鉄サリン事件があって、その当時の中学生がどういうふうに見たんだろう、というのと同じような感じじゃないかな……。何かしら不穏な感じはしただろうけど、でも中二の子がはっきりと、「これは社会の問題だ」っていう風に見ていたかどうかはわかりません。

ただ、わたしがキム・ボラ監督にインタビューしたときの印象で覚えているのは、すごく怖かった、その当時生きていた韓国人にとって、ものすごくインパクトのある経験だった、みたいなことは言っていたかと。

何か大きな社会的事件があったとして、それが繰り返し語られ歴史化していく中で社会的なコンセンサスができていく。おそらくこの事故は韓国の軍事政権が推し進めた開発独裁による経済成長の構造的な歪みを象徴するというコンセンサスがあり、この作品もそういう前提のもとで作られているということでしょう。当時から、「橋の工事が手抜きではないか」ということは言われていたとは思うけど、歴史になるには時間がかかるから。

西森　その辺のことが知りたかったんです。わたしの個人的な話ですが、二〇一〇年に、仕事で韓国にひとりで行ったことがあるのですが、現地のコーディネーターさんとバスで移動をしていた際、話をしていたら、「日本は何でもやっぱりていねいですよね」とその方が言っていて。「韓国のものは、裏側をひっくり返したら手抜きがわかるけれど、日本は裏返してもちゃんとしている」と。そのときは「そういう風に思ってくれているのか」と思ったんです。

ハン　実際、韓国は日本に比べたら確実に後発国で、かつては植民地にもされているわけで、憧れとコンプレックスが入り混じったような感情はずっとあったと思います。つねに日本を意識し、追いつけ追い越せ的な。最近、もはや先進国なんだというプライドで変に高揚しているように見えることがあるのもその裏返しでもあって。でも実際、今や日本の方が手抜きなのでは?というくらいになりつつあるのも現実ですよね。

西森　本当にその通りだと思います。最近は、日本国内においても、たぶん国外においても、むしろ日本の方が手抜きでしたよね……という風に見え方が変わったんだなと。

ハン　ここ一、二年で急速にそういうイメージができてきたように思いますが、少し前までは、基本的な認識として「日本のものはいいものだ」というのはあったと思います。
　植民地時代に文化的に同化されたという経緯から一九九八年までは日本の大衆文化が禁止されていた中、みんな隠れて日本の音楽を聴いてたりしたわけですし。たとえばうちの家族だって、過去の歴史的な経緯によって日本に定着するようになったわけだけど、八〇年代くらいまでは韓国の田舎の親戚などが、「豊かな日本で暮らしてていいよね」というようなことを言ってくる感じはあったわけですよ。こちらからすると違う意味でいろいろ大変なんだけど……。
　まあバスでの話は、西森さんが日本人だからっていういい意味でのお世辞の部分もあったりすると思いますが。

西森　そのニュアンスも感じてはいましたが、それでもあの頃、日本のものは、裏返してもちゃんとしてるとは思われてたんだなということも感じました。

ハン　あまり適当なことは言えないけど、『はちどり』の舞台となった一九九四年は、その辺の意識の変わり目なのかもしれません。一応軍事独裁政権は終わって文民政府になって、それまでの古い韓国と、それからの新しい韓国のちょうど変わり目で。だからこそ、九〇年代をふり返る作品がたくさん出てきているっていうのは、結構大事なことかもしれないと思っています。もうちょっと上の世代とはちょっと違う、自省的、あるいは内省的な感じが全体的に漂っているというか。

西森　確かに、今までの韓国映画のイメージとはちがう流れという感じはありますね。

『82年生まれ、キム・ジヨン』〜映画版と小説との比較

西森　『キム・ジヨン』はどう見られましたか？

ハン　わたし、ちょっと辛口になっちゃうかも。内容というより、構造的な面でうーんとなってしまうというか。

西森　『キム・ジヨン』は、ハンさんと一緒に試写で観て、観た直後に感想を話し合って、ハンさんの話を聞くまでは、わりと良いところだけに目が行ってたんです。でも、時間が経って、映画館にもう一度観に行ったら、小説版の最後が、あんなに救いがなかったのに、映画の最後は、「ジヨン、良かったね」っていう感じになっちゃっていたようになっていたので。それってあまり韓国映画っぽくないなというか、日本映画っぽいな、と思ったんです。何か、いろんな人が置いていかれてないか、って思っちゃったんですよね。

ハン　わたしは、結末を脚色したことに文句があるわけじゃないんです。むしろ希望のある話にしようとした気持ちは汲みたいというか。『パラサイト』と『はちどり』の話じゃないけど、『はちどり』って最後にちょっと希望があるじゃないですか。たぶん、ウニはああいう感じで生きていくんだろうな、というか。だから、別にそういうのが嫌なわけではないんですよ。

西森　『はちどり』に関しては、なぜかウニだけではなく、わたしもウニの感じたことを自分のことのように感じてともに生きていきたいと思えたんですよね。『キム・ジヨン』の場合には、「ジヨン、ひとまずよかったね」とは思えたけれど、それはあくまでもジヨンに対してのものだったなと。

ハン　『キム・ジヨン』の原作は、このくらいひどいんだっていうことを世に問いたい、という意図がはっきりしていたじゃないですか。女性であるというだけでこんなに酷いことになるのだ、という告発。あの本が出て、しかもあんなにベストセラーになってからのタイムラグもあるわけで、それを映画化するときに、希望を持たせたいっていう監督の意図は、うまくいってたかどうかはわかりませんが、むしろわたしは買いたいです。でも、希望の持たせ方がそれでいいのか、っていうのはあるかな。言ってしまえば単にコン・ユが育休取れただけじゃん、っていうか……。

西森　ただ、これは『キム・ジヨン』に限らず『パラサイト』のときにもいいましたが、希望がない終わり方の方が、本当に希望がない社会にとっては誠実なんじゃないかっていう思いもあって。

ハン　なるほど。

西森　希望がある結末って、希望がない社会において「こうだったらいいな」って言うおとぎ話を提示したことで「めでたしめでたし」となってしまう可能性もあるのかなと。そういう意味で『パラサイト』のことも見ているんですが、『はちどり』を観ると、もしかしたら、オルタナティブな可能性が現実にもありうるのではないかと思えたので、だから何か映画全体に対しても、開けた感じは確かにしました。これまでは、ジャンルにもよるとは思いますが、希望のない終わり方とか、よく「後味の悪い終わり方」のものが多かったように見られてきた韓国映画も、そうじゃなくなりつつあるのかな、という気もしました。

そこで思うのは、逆に日本映画は希望があるものばかり作っていてはいけないな、ということです。自分がそこに生きてるからこそ、問題はもっと山積な感じもして。ちゃんと向き合ってもないのに、希望を持たせることは無責任だとすごく思ってしまうんです。日本には、そういう映画があまりにも多かったからそう思うんでしょうし、韓国映画の良さを安易な希望を描かないところに見てきた感じもあったんだと思います。

ハン　はい、そこはわかります。でも無責任な感じはしなかったかな。誠実に希望を模索しようとしたけど、あまりうまくいかなかった、という感じでしょうか。

西森　確かにそうですね。あと、『キム・ジヨン』で考えると、やはり日本って、夫がどんなにいい夫でも、男性が社会の、仕事の中心であるという仕組みの中にいる限りは、うっすらとした加害性をまとっているし、そういうことに無自覚であることが、妻のキャリアやその人自身の生き方を奪っているんだっていうことに自覚的である人の方が少ないだろうと思うんですね。

ハン　そうですね、だからそこがもったいないんですよ。そういう話であるはずなのに、チョン・ユミ（キム・ジヨン役）が病気になったから就職できない、という話のように見えてしまっていた。わたしが構造的な欠陥だと思っているのはここで。小説だと、病気はあくまで歴史的に蓄積されてきた構造的な抑圧のメタファーだし、カルテで遡るかたちになっているからよいのですが、映画はふつうに進んでいるので、就職できない理由が病気だから、という風に見えてしまっているというか。

西森　病気から快復すれば、いろんなことは解決するんだという風に見えますからね。彼女を病気にした社会的な理由を何とかしないといけないのに。まあ、それは夫が気づいたりしたことで何とかなるのかもしれないけど。

ハン　ジェンダー的な抑圧によって病んだ、ということにはなっているんだけど、展開の順序があまり上手くないんですよね。夫役のコン・ユもそんな彼女を心配しているわけで、彼のためにキャリアを断念している彼女を心配しているのではない。幻覚が見えてしまっている妻がヤバい、という感じで心配している。

西森　コン・ユも、昔はもっと能天気な夫だったという描写ですし。

ハン　結婚してすぐのあたりとか。子ども作ろうぜ、みたいなところとか。

西森　あそこはなんか、ドン引きしてしまいましたね（笑）。まあ、ドン引きさせるように撮ってるんでしょうし、それを演じるコン・ユもうま過ぎた。最終的に、理解を深めていったのも、社会的な構造に気づいたのではなく、彼女が病気になったから改心したのかな、と。

ハン　そう。で、最終的には病気治って育休取れてよかったね、みたいな話になっちゃっています（笑）。キム・ジヨンが憑りつかれたようになったのは、育児うつのメタファーだという声を見かけて、わたしは子育てしたことないから、その辺に共感性がないからそう感じたのかな、って自分で反省したりもしたんですが。でもやっぱり、小説読んだ限りだと、育児うつのメタファーというよりも、むしろ蓄積したジェンダー抑圧の寓話として成り立っていていると思うんです。

西森　三代にわたるジェンダー抑圧を……。

ハン　はい。文章だからこそそれが寓話として成り立つのですが、まあ映画化は難しかったんだろ

う と思います。って、言うのは簡単ですね。ベストセラーの映画化で、これが長編デビュー作となったキム・ドヨン監督もプレッシャーだったと思います。ちなみにキム・ドヨン監督は一九七〇年生まれの女性です。ただ、これはみなさん言ってますが、主人公の母や姉、また周囲の女性たちの描写は良かったですね。そういうところにこそ、フェミニズムを感じたりもしました。

西森　試写で一回目に『キム・ジヨン』を観たときは、ジヨンをバスの中で助けてくれた見知らぬおばさんとのシーンや、ジヨンの母親のシーンで素直に泣けてしまいました。あそこは、小説に描かれていた良さをうまく映像化できていましたね。

カジュアルで軽やか
〜韓国映画、最近のメガヒット作の傾向

西森　二〇一九年公開で、日本では二〇二〇年に来た、『エクストリーム・ジョブ』（二〇一九年）とか『EXIT』（二〇一九年）とかは、すごく気楽で軽やかな作品なんだけれど、めちゃめちゃヒットしたんですよね。

ハン　そういう、適度にカジュアルな感じというのは、やはり韓国人が疲れているので、必要とされているんじゃないですかね。硬派な社会派エンタメみたいなのが飽きられているんじゃないかな、という感じはします。

西森　これからそういうのは少なくなるかもという話は前にもしましたよね。

ハン　以前は、たとえば財閥に仕返しをすると

かってことで溜飲を下げてストレス解消って感じだったんだけど、『エクストリーム・ジョブ』とか『EXIT』は、言ってしまえば、単に逃げるとか、たまたまチキン売れちゃう、みたいな娯楽作品ですよね？

西森　はい。巨悪に向かう、とかじゃないから。

ハン　だから『ベテラン』（二〇一五年）とは違うわけですよね、同じ刑事の話でも。

西森　そうです。

ハン　巨悪に仕返しするのはいろいろやって、財閥もやったし、国もやったし、で、国は一応倒して文在寅《ムン・ジェイン》政権になって、ここから先、また違った問題が出てくるとは思うけど……。

西森　とりあえずはそのモードじゃない感じですね。

ハン　はい。だから、娯楽作が求められるとかいうことはあるんじゃないですかね？　まあでも、こういう娯楽作というのも脈々とあるとは思うのですが。

西森　でも、ヒットの規模が一，〇〇〇万人とかいってしまうところが以前とは違うな、と思ったんです。

ハン　わたしはどちらも観てないんだけど、娯楽を追求してよくできてるんじゃない？

西森　はい、よくできてますね。物語としてもよくできてる。

ハン　クオリティーの高い娯楽作ということでしょ？

西森　ストーリー展開とかがとってもしっかりしているけど、何となく前よりは地味な感じというか。予算はかかってるんだけど、それをさりげなくしてる感じというか。大スターが「どーん」って感じでもないんですよね。逆に、「巨悪を倒す」『ベテラン』みたいなものを求めているのが、今の日本かな、という感じはするんです。

ハン　財閥ではないけれど、敵がいる感じ？

西森　そうですね。で、『ベテラン』があの手の流れの始まりくらいだったじゃないですか。

ハン　そういう意味では、短期的なことかもしれないけど、今の韓国は敵が見えづらい感じなんだと思います。政権ぶち倒したんだけど、良くならない。

西森　そうですね。

ハン　現政権を象徴する民主化運動をしてきた元三八六世代、今の五八六世代が、現在の社会で既得権益集団化していることが可視化される中、最近だとたとえば韓国初のセクハラ訴訟の弁護士だったソウル市長がセクハラで告発され自殺してしまうといった出来事もあったりして……。

だから、若者たちはそこから距離をとるというか、今まではアプローチが違ってくるのかもしれない。キム・ボラ監督とかの世代もそうですね。大きな物語の描き方が変わるというか。これからの作り手のメインはその辺の若い世代の人たちだから、今後はそういう変化がいろいろと出てくるんじゃないかと思います。

西森　以前の対談のときに、日本って敵が見えないと言っていて。そのときは逆に、韓国では確実に敵が見えていたので、三、四年くらいでガラッと状況が変わってしまったな、とは思いました。

ハン　韓国は、とりあえずは敵を打ち倒したからら？

西森　そうですね。それで、あの頃はいない感じがしていたのに、今は日本には敵がいるんだと思って。

ハン 実はいたんですよ。

西森 そうですね。いたけど、何もできなかったのが、コロナ禍でTwitterデモなんかも見られるようになり、いろんな問題が見過ごせないところまできてしまったので、逆転してきた感じはあるんですね。

ハン それはありますね。だから今、韓国は自分と闘っているような感じなんだと思います。若い世代からしたら、自分たちがつくってきたものではなくて、ひとつ上の世代がつくったものだけど。民主化も成し遂げて経済成長もしたのに息苦しいし、競争が激しくて、きついし。社会保障制度も不安定で、将来の不安も大きい。

そういえば最近面白かったのが、知り合いの韓国の新聞記者で、彼は東京特派員を長く務めた経験もあって日本通なのですが、日本の純愛物の青春映画が好きでたまに見るそうなんですよ。『君の膵臓を食べたい』系の。「韓国人は忙し過ぎて、もはや純愛なんて考える時間もないし、誰も信じていない」と言っていて。なるほどなぁと思って、「日本社会の方が余裕がある?」と聞いたら、「もちろんです」と。

西森 今でもですか?

ハン そうなんだと思います。余裕って、やはり蓄積が違うから。

西森 でも、これから何年かしたら変わるんじゃないですか?

ハン どうなんでしょうか。わからないです。余裕って、経済的な豊かさだけじゃなくて、やはりとても競争が激しいとか、世代間対立が激しいとか。あと、価値観の変化も激しくて、それについていくのが大変だとか、そういう意味においても、ということでしょうね。

西森　忙しいというのは？

ハン　まあだから、そういうめまぐるしい中で常に忙しいんだと思います。常に何かと闘ったり追いかけたり追いかけられたりしていて、本当に落ち着かないという感じ。だからこそ最近のドラマはわりと癒し系だし……。

西森　そうですね、以前より忙しくないドラマは確実に増えていますし。

ハン　あと、ノスタルジー。たとえば『愛の不時着』の北朝鮮描写は、韓国では、「昔の韓国がそこにある！」みたいな癒し要素として消費されました。同じ民族だけど、現在の韓国が失ってしまった人情や助け合いが残っている、といったような。

西森　ロウソク買ってプレゼントしてくれたり。

ハン　まあだから（韓国は）大変なんですよ。そして疲れている。

西森　その、癒しを求める傾向というのは続くんですかね？

ハン　わかりません。でも今はそういう感じなんじゃないかと思います。

西森　でも、まだがんばっている人はいますよね？「がんばる」って決していい意味で言ってるわけじゃなくてですけど。アイドルの子とか。

ハン　でも、自殺も多いし……。疲れている人はいっぱいいるでしょう。

西森　それは本当に痛ましいことですね。やっぱりそれって、降りたくても降りられないからってのはあるんですよね。

ハン　社会の仕組みって個人が簡単に変えられる

ものじゃないですよね。それは日本に置き換えても同じで……。自分が（競争から）降りたからって、単に貧しくなるだけ……。

西森　貧しくなる、食えなくなるということもあるけれど、突き詰めると、やっぱり日本にしろ韓国にしろ、自分自身の在り方にも関係してくるし、そこに見えない敵の存在を感じてしまうから、それが何なのかが知りたい、どう向き合えばいいのか知りたいという気持ちになるのはわかる気がしますね。そう考えると確かに、BTSの活動なんかは、世界で認められることになったけれど、その背景に「自分たちががんばったからだ」というよりは、自分たちだけ苦労の物語が見えるというよりは、自分たちだけでなくみんなの「自分らしさ」を追求した結果、みたいな感じはありますね。

「わかりやすい敵」と「わかりにくい敵」

ハン　少し被るかもしれませんが、西森さんが前に言っていたわかりにくくなっている、っていうことを、「過去をふり返る」ということと絡めてもう一度ちゃんと考えつつ補足したくて。たとえば『はちどり』も『キム・ジヨン』もふり返りじゃないですか？　この対談で出てきているような韓国の、わりと社会的なテーマの作品って、大体「ふり返り」なんですよね、現代史の。

西森　そうですね。

ハン　で、ふり返ることって、過去を再検証して再提示するということで、当時は見過ごされていたというか、そういうこととしてまかり通っていたことを今の視点でふり返って、良くなかったことに批評や批判を加えるということが、基本的なフォーマットだと思うんですけど。で、その方法で大きい映画とかはやってきたんだけど、そことは違った新たな視点としてフェミニズムがあって。大文字のふり返りじゃなくて、『はちどり』とか『キム・ジヨン』は、さらに別の視点から、女性なら女性、子どもなら子ども、といった視点からのさらなる再検証。大枠でのふり返りからさらにもうひとつひねって、小さきものたちというか、そこで主流じゃなかった位置にいた人からのふり返りというか。大枠でのふり返りっていうのは、上が替わったことによるふり返りじゃないですか？　そうじゃなくて、視点が違うところからのふり返り。

西森　視点が違うところから、というのは女性になったとかそういうことですか？

ハン　そうですね。若干雑な整理になりますが、たとえば『タクシー運転手』でもいいし、そういう現代史もののふり返りは、主流派が替わったことによって、かつて独裁政権だったときの悪を、民主化後の視点でふり返って批判するという構造。それは、男社会なら男社会という言い方でもいいかもしれないけど、「大きな物語」を「大きな物語」によってふり返っています。

でも『キム・ジヨン』とか『はちどり』は、その視点では見えないところを、女性の目や子どもの視点からふり返る。それが、「大きな物語」から「小さな物語」っていうことにもなると思うんですけど。

ただし、実はそれもきつくなってきているんじゃないか、っていうのが最近思うところで。過去をふり返って再検証するっていうことはできるんですよ。いずれにせよ、今から見る過去の敵は わかりやすいから。でも今ここの敵、ってわかり にくい。で、それが顕著に表われているのが、『キム・ジヨン』の小説と映画の違いで。小説は二〇一六年で、映画は二〇一九年です。三年って短いけど世の中はすごく変わってて。小説は告発すればよかった。というより、あの小説の目的は告発で、そこに意味があった小説です。

ただ、三年後に公開される映画化にあたって、告発するだけではもう作品にはならないから、希望を持たせるラストを模索したのだとも思いました。ふり返ることによって社会構造を告発したのが小説なんだけど、社会構造ってそう簡単に変えられるものでもないし、現実は相変わらず厳しい。そういった現実の、実際の息苦しさみたいなのを解消するためには、たとえば目の前の夫をどうにかすることが大事だったりして、だからそこに希望を見出そうとしたという変化であると同時に、やっぱり難しいということであるというのも改めて強く思って。ああいうラストになったということにね。

あともうひとつ、『キム・ジヨン』のジヨンの病っていうのは、構造的な抑圧の寓意として病というものを持ち出した、っていう風に思っているんですけれど、そういう意味で小説は病の原因がわかりやすいんです。わかりやすいというか、そういう風に設定されているから。あれは長年培われてきた強固な社会的構造みたいなものを、憑依するっていう病によって表現したもので、本当に病気かどうかっていうのはどうでもいい。これは小説という二次元の世界だからおそらく違和感なく表現されている。

でもそれが映画になったときに、ふつうに病として描かれちゃっていて。そうなると、病の原因がよくわからないというか、もしくはむしろ具体的な「育児うつ」か何かに、そう言ってよければ、すごく矮小化されているように見えてしまったというのがひとつ。でもやっぱり映画だけだとわからないんですよ、キム・ジヨンがなぜあんなことになっているのか。わたしに共感性がないからかな……。ここはいつも悩むところ。

西森　あ、ただわたしは、もう一度映画館で観てみたら、ジヨンが怒るとき、ちゃんと直前にスイッチが入っているのがわかったんですよ。これ、なんでこういう考え方ができるかっていうと、以前、能楽師の方に取材したときに、能には「狂女物」というのがあり、過去の出来事によって、ふとしたときにスイッチが入ってしまう物語が型としてあるんだということを聞いたことがあって。それって、フェミニズム的に女性だけスイッチが入るのはヒステリーみたいな文脈にも見えるかもしれないけど、女性がそれくらいギリギリまで追い詰められているからこその表現かもしれないなって思ったんです。ジヨンを見ていると、小説よりもはっきりと、憑依する直前に憤りを感じる出来事が描かれているなと思いまして。

ハン　それぞれにきっかけがあるという感じね？

西森　そうです。ぶつっと切れる音が聞こえそうなくらいの出来事がありました。

ハン　なるほど、そういう機能として評価できるのか……。

西森　一番最後にスイッチが入るときは、夫が育休を取れないのだったら、ジヨンの母親が近所に越してきて子どもの面倒をみるからって言うときなんですけど、それはもう「怒り」を通り越したどうにもならない悲しみでもありましたね。

ハン ああ、そうか。だから、現在のことと過去のことを接続させるために病気みたいなのをうまく使ってるってことか。そこには、怒ることがなかなかできない状況があるわけよね。

西森 そうですね。怒りや憤りを感じても、キム・ジヨンとしては怒ることができなかったという風にもとれるわけです。

ハン なるほど！　かなり納得しました。

西森 最終的には、ジヨンは書くことで怒りを表現できているから、それで憑依することがなくなっていくんだろうなとは思いました。

ハン そっか、じゃあそう考えるとわかりにくくないのか。何かね、わたしの大学に、東京国際映画祭とかにもかかわっている石坂健治さんという先生がいて、『キム・ジヨン』の話をしていたんですね。彼はアジア映画をものすごくたくさん観ていてまあ権威なんですけど、彼曰く、『キム・ジヨン』は、ある種日本映画っぽいんだと。たとえば日本のホラーとかって、黒沢清にしても、何でそうなったのかがわからない。でも韓国だと、たとえば化け物にしても、病にしても、その理由がもう少しはっきりしている。なぜそういうものが生み出されたのかっていうことが、映画の中で描かれていたと。日本のホラーはそうじゃないかららこそ怖いと。で、『キム・ジヨン』を観た際、パッと観の印象らしいんですが、何で病気になったのか、いまいちわかりにくいと。それは男性だからわかりにくいという可能性もありますけどね。で、結局よくわかんないまま解決するじゃないけど、そういう感じが日本映画っぽいと言われて、結構わたしはなるほど、って思ってて。小説は、それがわかるように書かれていたんだけど、映画はわかりにくくなっていて。あとまあわたし目線だと、西森さんがさっき言ったことに納得しつつも、個人の怒りとして解消されちゃっていいのか、というところはあって。

西森　もちろんわたしもそう思います。

ハン　ジヨンが書けることによってハッピーエンド、じゃないと思うんですよね。そこは映画の限界というよりも、現状の難しさだと思ったんです、わたしは。希望をもてるラストにすると、個人の問題になってしまうんですよね。敵がでか過ぎるというか、敵が見えなさ過ぎて。韓国って、あの『キム・ジヨン』が出たあと、たとえば韓国初のセクハラ訴訟の弁護士だった経歴もあるリベラル派の元ソウル市長が秘書にセクハラで告発され自殺してしまうだとか、何というか、社会の急激な変化の中で敵と味方がよくわからなくなるような混沌とした感じ、先が見えないような感じがあって。社会を変えたい、おかしい、って声を上げてたとえば政権交代は勝ち取ったものの、その先、実際に変えていくためにはどうしたらいいのかっていうのが結構……、ジェンダー問題に限らず。すごくその混沌というか、困っている感じが……。映画の『キム・ジヨン』がああなったことに、わたしはそういうことを感じました。簡単に答えを出せないという感じ。

西森　はいはい、それでいうと……。

ハン　たぶんそういうところが日本映画っぽいんですよね。

西森　そうですね。以前の対談で、渡辺あやさん脚本でＮＨＫで放送された『ワンダーウォール』

の話が出ましたが。あのときは「敵が見えない」というのがテーマで、京大をモデルにした大学の制度が変わるときに学生が何かを伝えたいと思っても、学生課の窓口に、派遣の人しか出てこなくて、本丸にたどり着けない難しさみたいなものがあって、そういうのが日本の難しさだ、みたいなことを言ってたと思うんですが、そのときは韓国の問題ってそういうことじゃないように見えたじゃないですか。

ハン まだわかりやすい敵がいたから。で、今もいないわけじゃないだろうけど。でもやはりわかりにくいところに入ってきたんだな、という風には思います、すごく。この何年間かは。

西森 そうですよね。

ハン それは『キム・ジヨン』でも感じるし、あとみんな観てるかわからないけど、『保健教師アン・ウニョン』(Netflix 二〇二〇年 以下『アン・ウニョン』)にも感じました。

西森 韓国の敵が「わかりにくい敵」になってきたからこそ、『キム・ジヨン』みたいな、何だか日本で見てきたものに似ているぞっていう作品が出てきたというのはすごく感じますよね。わたしは、『キム・ジヨン』が日本映画に似ている理由ってはっきりあると思うんですよ。それは、最終的に「希望」を持たせたいというところも日本映画っぽいんですけど、日本の物語って「置かれた場所で咲きなさい」的なことが、ハッピーエンドだったわけじゃないですか? ずっと。

ハン 「置かれた場所で咲きなさい」(笑)。

西森 家庭内で問題があったら、あなたの考え方を変えなさい、そしたら周りも変わりますよ、というのが、ほとんどの日本の映画やドラマでも描かれていて。たとえば、漫画原作のドラマで『失恋ショコラティエ』（フジテレビ　二〇一四年）ってありましたけど、ヒロインのサエコさん（石原さとみ）は、女は経済力のある夫を見つけるのがいいという教えを母親から受けて育っていて、もうずっとモテモテで最強で、高校時代に年下の松潤（松本潤）演じる男の子に告白されても、適当に扱っていた。で、編集者ですごく年上の夫と結婚して経済的にも余裕があって、自由に出歩いたりはしているけれど、実は夫がＤＶだったりもして。でも、結局はサエコさんも高校時代に告白してきた松潤演じるパティシエと浮気をしたりもしてるし、それって、もう彼女のギリギリのＳＯＳだったわけなのに、最終的には、浮気はよくないことだから、やっぱりもとに戻りましょう。サエコさんさえ変われば夫も暴力をふるわなくなりますし幸せに暮らせますよという結末だったんです。『キム・ジヨン』の場合は、夫はそこまで悪い人ではないんですけど、結局は、ジヨンの気の持ちようですよ、あなたが変われば、世界も少し変わったじゃないですか？という感じの結末で。でも、ジヨンの父親も、夫も、そこまで悪い人ではないというのはわかるけれど、特に父親は「だめだこりゃ」だったわけで。まあ、父親世代はもう「だめだこりゃ」だっていうことが現実なのかもしれないけれど。

ハン　だからわたしは、現実の厳しさをそこから見出したというか。ただ、そういう風に考えてあなったわけじゃないように思うんですよ。今言っていたように、あなたが変わればどうにかなる、とメッセージしてるつもりはなくて。社会が変わらなきゃとは思っているけれど、やはり小説から映画化するにあたって、告発するだけじゃなくて、って考えたときに、結果的にああなってしまったんじゃないかなとわたしは見ています。

西森　だからちょっとちぐはぐになってしまっているというところはあると思います。希望のために選択してしまったことで、物語がいい感じに収まっているようでいて、実は収まっていないと感じてしまう人がいるという。

ハン　また職場ネタになるんだけど、うちの職場には映画監督が何人かいまして、そのひとりの方の話によると、やはり戦後の日本というのは、戦争に負けてわかりやすい敵がいなくなったために、フィクションの物語が作りにくいとずっと言われていたと。でも近年、敵が可視化されてきているんじゃないかと。

西森　そうなんですよね。逆に、日本では急に見え始めましたよね。敵が。

ハン　うん、だからその監督曰く、今は敵が見えるようになってきていているんだけど、実はそれって、敵はずっといたのに気が付いていなかっただけだと……。

西森　そうですね、それがめちゃめちゃ急に見えてきたというか。

ハン　うん、勧善懲悪じゃない、やっかいな敵だから見えにくかっただけで。それでああ、やっぱり同じようなことを感じているんだなって思って。

西森　そうですね。やっぱり同じ空気を感じてるんですね。で、今の日本のドラマとかって、「あなたが変わればよくなりますよね」っていうのではできなくなってきているというか、わりと最後は出て行く感じになっていますね。

ハン　出て行く？

西森　留まるんじゃなくて、家庭とかに。

ハン　今いる場所から出て行くということ？　とりあえず次のステップに進むみたいな感じ？

西森　そうですね、「置かれた場所から出て行きなさい」になっている。ここに留まっていちゃだめだ、外の世界に飛び出そうっていう最後が多くなっています。今のドラマでＤＶ夫と妻が別れないでもとのさやに納まる結末には、みんな納得しないし、恋愛ものでも、いろいろあったけど、恋はとりませんでしたというものも多くなっています。この対談でも『お嬢さん』でも、わたしは「出て行く」映画だって言ってますね。出て行くってたぶんわたしにとって重要なんだと思います。

手ごわい敵と闘う主人公たち
〜『保健教師アン・ウニョン』、『秘密の森』シリーズ

ハン　『アン・ウニョン』の話をしてもいいですか？

西森　わたしも観ましたよ。

ハン　アン・ウニョンも、日本では『保健室のアン・ウニョン先生』（チョン・セラン著、斎藤真理子訳　亜紀書房）というタイトルですが、小説は二〇一五年なんですよ。で、ドラマが二〇二〇年。だから大体キム・ジヨンと同じような時期で同じくらいのタイムラグがある。ちなみにどっちも女性の作家で、どっちも斎藤真理子さんが翻訳をしています。アン・ウニョンの監督も女性ですが、映画の人ですね。スタッフの多くも女性らしいです。またこの『アン・ウニョン』も小説からドラ

マでかなり変わっていてですね。いや、テイストや話の運びはむしろ同じなんだけど、オチが、というかオチにおける「敵」が変わっているんです。これはすごく顕著で。ネタバレしてよければ、小説のラスボスは資本主義なのね。ファンタジー小説だから、あまり具体化はされていないんだけど、象徴されているものがね。で、ドラマのラスボスは、新興宗教なんです。

西森 ああ確かに。

ハン そこはすごく大きな変化だと思うんですよ。まあ、財閥企業に象徴されている資本主義みたいなものなんだけど。で、それを敵にした映画っていうのはかつてたくさんあった。

西森 あれですね、この話になると必ず何度も出てきますが『ベテラン』とかはナッツリターンの頃ですよね。その頃は、確かにそこが共通の敵という認識だったんですよね。

ハン うん。そこが敵なのはもうわかってるんだけど、新興宗教っていうのは、より主人公自身のことなんですよね。ドラマのアン・ウニョン先生って、ちゃんと描かれてはいないけどおそらくかつてその新興宗教に属していたっていう設定で、周囲の人や起きる事件もその新興宗教絡みなんですよね。でもこれって、実は小説にはまったくない要素なんです。

西森 そうだったんですね。

ハン ドラマからの類推だと、おそらく、霊能者であることで、新興宗教に利用されていたか何かでかつてはそこに属していたんだけれど、そこから出て来た。それで今はその能力をいいことに使っている。で、決別して出て来たんだけど、ラスボスは新興宗教で、やっぱりかつて自分だったものと闘っているんですよね。

西森　そこつながってるんですね。

ハン　だから敵のわかりにくさとして、『キム・ジヨン』だと身近なところでたとえば夫とまあ、和解？しちゃうんだけど。で、もっと、自分自身が敵かもしれないっていうところにすごく「今」を感じました。あとやっぱり新興宗教って、世の中が混沌とする中で人々が頼ったりするものじゃないですか。最初にコロナの大クラスターを生んだことでたくさん報道されましたが、韓国も新興宗教っていろいろ大変で。やはり人々が混乱しているから新興宗教に頼ったりするし、アン・ウニョンもおそらくそこにいた人として描かれている。要は、敵の設定が財閥・資本主義から新興宗教に変わっているっていうことがものすごく象徴的で、敵の見えなさやわからなさとか、自らを省みることとか、自分も敵かもしれない、みたいなことが強く出ているような気がしました

こういうムードは、『秘密の森』（tvN）のシーズン1からシーズン2への変化にも表れていたように思います。シーズン1が二〇一七年で、シーズン2が二〇二〇年。1から2への変化としては、基本的には検察の悪みたいな話ではあるんだけど、わかりやすい二項対立じゃなくて、より微細で複雑化しているというか、大きな権力を持つ巨悪から自分自身も含む身近な悪に変わっています。

西森　同じシリーズの中で、二〇一七年と二〇二〇年の敵ってどういう違いが？

ハン　二〇一七年のシーズン1は、検察が政権や財閥と癒着していて強大な権力をもっているとか、たとえば映画の『ザ・キング』（二〇一七年）とかにもあったような構図。

西森　『インサイダーズ／内部者たち』（二〇一五年、以下『インサイダーズ』）とか、あの頃はたくさんありましたね。

ハン　まあその辺はわかりやすいというか。話そのものは入り組んでいて複雑で、脚本よくできているなと感心しましたが。で、シーズン2は、1のような大きな事件が起きたりはしないんだけど、検察や、また警察の中でも身分が低い人たちが、どういうふうに悪に巻き込まれていくかという構造的な問題だったりして、ちょっと間違えば自分もそっち側になり得るし、なってしまった人もいるというようなことが描かれています。そういう意味で、誰か敵か味方かよくわからない。あと、1にない要素としては女性かな。1も2も女性刑事のペ・ドゥナが男性検事のチョ・スンウとともに主人公なのですが、2では新たにペ・ドゥナ演じるハン・ヨジンの女性上司が登場して、かなり地位が高い存在である彼女も悪を生み出すような構造から自由ではない。小さいことを見逃して少しでも妥協すると誰でも悪に堕ちてしまうような、構造の問題をよく見せていると思いました。

西森　それ、聞いていたらめっちゃめちゃ『アンナチュラル』と『MIU404』です！

ハン　悪の側に堕ちずに正義の側からまっすぐに物事をみることができる人が、正義感のある女性刑事と、脳の手術によって感情に欠陥がある検察官という設定です。

西森　『SHERLOCK（シャーロック）』（BBC二〇一〇～二〇一七年）のシャーロックみたいだと最初のうちは思いました。

ハン　信頼関係はあるけど、恋愛要素ゼロだしね。チョ・スンウ演じるファン・シモクの過去はシーズン3があればもっと描かれるのかなとも思うんだけど、よくも悪くも「まとも」に社会に順応してたり、空気読んだりしてたら告発できないようなことができちゃう人。まあ日本だったら手術してなくてもこういう人いそう、とも思うけど、でもだからこそ特に韓国ではそういう人じゃないとこの状況を……。

西森 突破できない?

ハン そう、突破できない。で、ペ・ドゥナ演じるハン・ヨジンはおそらく若い女性だから、っていうところで。でも、女性も権力握ろうとがんばっていると簡単に足もとすくわれるということも描かれていて、すごく良くできているんですよ、『秘密の森2』! さっきまで話していたような、混沌としていてどうにもならない状況で、自らの足もとの基盤でもある構造から変えていくのは難しいしやっぱりしんどいんだけど、でもやっていかなきゃいけない、みたいな希望をこのふたりに見出せたように思います。

と、話していて思い出したのが、映画の『アシュラ』。あの映画が作られたのは二〇一六年で、何というかあれは正義なんてなくてすべて悪だから、全員死んでしまえっていう話でしたよね?

西森 そうでしたね。

ハン あのころの朴槿恵政権末期のどん詰まり感、閉塞感の表れなんだろうし皮肉というか開き直りなんだろうと思うけど、でも実際には死ぬわけにもいかないし、そんな簡単に死ねないし、そんな中でも人は生きていかなきゃいけないわけで。今、あれを思うと、あんな風に開き直っていても仕方ないというか……。

西森 他の映画のように、あの中で、すごく考えていて、そこを突破していこうという人がひとりもいなかったというのがね。

ハン うん、全員バカだったよね。

西森 そうでしたね。もっと考え抜いて知恵を絞って突破していこうよとは思いました。いいところも細部では感じるけれど。

ハン 全員バカで全員悪人だから、全員死んで終わりだと何というか、もはやストレス解消にもなんねえよ、って感じがして（笑）。でも、どうなんだろう、二〇一六年当時は……？　どうにもならなさ過ぎるとあれがファンタジーとして救いになったりもするのはわかるけど……。でもやっぱり当時からそう思ってたよね？

西森 それは思ってましたよ。細部に好きなことはあるけれどと、二回目ですが（笑）。

ハン で、だから、大きいことじゃなくて、もっと小さい、善悪二元論とか、たとえば男女とかで切り分けられないほど、構造的な悪みたいなものはいろいろはびこっていて、でもそれは自分自身の問題でもあって、そういう構造の中で生きているひとりひとりの問題でもあって。だからめっちゃしんどいんです、『秘密の森2』って（笑）。めっちゃしんどいんだけど、でもそこで正しさを主張していくことでしか希望は見出せないよねってなっていたな、っていうのが感想です。

西森 それ聞いてると、さっきも言った通り、野木亜紀子さんの『アンナチュラル』と『MIU404』の関係性みたいなんですよね。敵の認定の変化もわりとそんな感じで、『MIU404』はやっぱりハンさんが言ってるように「そこで正しさを主張していくことでしか希望は見出せないよね」っていうものが貫かれてたんですよ。もちろん、両者がどっちかを真似してるとかってことではなくて、同じような問題意識を感じているという意味で。さっきの話じゃないけど、全然別のところにいても、見えるものは一緒なんだなあっていうような。

野木さんは、『MIU404』という警察ものを作るときに、「刑事ものって、巨悪を暴くっていうものが多過ぎるっていうか、安易に日本のドラマも実は警察内部が悪かったんです、ちゃんちゃん、っていうような感じで終わるものが多過ぎて。それはやりたくない」と、わたしがマイナビニュースでインタビューをしたときに言っていて。

ハン　まあ観てないから何とも言えないけど、そこシンクロしているんじゃないかな、『秘密の森』の1から2への変化に。

西森　聞いたら本当にすごくシンクロしていて。野木さんはさっきも話したインタビューで、「『MIU404』は、末端の刑事たちを描くことで、『こうあるべき』という姿を見せるドラマにしようと思っていました。今までの刑事ドラマで『巨悪』を描いてきて、結果どうなったかというと、社会は変わらなかったし、権力側の不祥事を見ても『ああそんなもんか』といつの間にか慣れてしまってたんじゃないかと。それよりも、ルールは絶対に守る、公文書は破棄しないという、本来あるべき姿を描いていれば、それが当然だという空気になるかもしれない」とも言われてましたね。

『はちどり』で描かれた家族像
～本当に希望を感じられるのは？

ハン　もうひとつ付け加えたいこととして、『はちどり』の家族って、韓国映画で描かれてきた家族とかなり違う印象ですよね？　それはおそらく女性目線、子ども目線で描かれているからなんだろうと思います。日本から見ると、韓国の家族ってもっとべったりしているイメージがあるんじゃなかなぁと思っているんだけど、あの、仲がいいのか仲が悪いのかわからない感じが、わたしにとってはものすごくリアリティがあって、わたしの思う家族ってあんなものだっていうイメージにすごく近かった。やはり違った目線で観ると、過去も異なって見えるわけですよね。逆に言うと、今までの韓国映画における家族イメージって、男の視線からのものだったのかもしれないなと。で、改めて『パラサイト』の家族について考えてみると、あれはやっぱり男目線から見た家族ですよね。

西森　『はちどり』のキム・ボラ監督の「ユリイカ」のインタビューを読んだら、「メディアが見せる理想的な女性像、特に男性が望むのはかわいらしくて何も知らない、そんな女の子です。わたしはそうではない姿、本当の顔を見せたかった」とも言ってますね。これまた野木（亜紀子）さんがELLEのインタビュー（「脚本家・野木亜紀子が描くステレオタイプを越えたリアルな女性像」ELLE.com　二〇二〇年一〇月三〇日）で、「わたしたちが知る『働く女性』って、肩で風切ってなくても普通に物申すし、ちゃんと場を回すし、別に変なドジもしない――まあ『普通』ですよね」「だから、現実にいる、普通に働き普通に生きてる女性にしようと」と言っていて。

ハン そうなりますよね。ただ、これは先ほど『キム・ジヨン』の映画化のところでも話したことですが、フェミニズムを切り口に違う視点からふり返ったり見直すことはできても、今、この現実をこれからどうしていくかってところはとても難しい。そうした模索のひとつとして興味深いなと思ったのが、『はちどり』のキム・ボラ監督が次作としてSFを選択したことですね。キム・チョヨプという女性作家の短編集『わたしたちが光の速さで進めないなら』(早川書房)収録の『スペクトラム』というSF小説が原作で、異星人と人間のコミュニケーションがテーマになっているらしいのですが、すごく象徴的だなと思って。『アン・ウニョン』の新興宗教や何かスピリチュアルなものもそうですが、困難な現実の中でオルタナティブを示していくために、この世にないファンタジーやSFの力を借りるということがね。だから今後、こういったものが結構増えてくるんじゃないかなと思っていて。キム・チョヨプさんの作品はすでにものすごく読まれているようなのですが。

西森 そういうことでいえば、雑誌『文藝』でも、「韓国・SF・フェミニズム」という新連載が始まっていたりして、その中で現地のSF編集者に聞いたインタビューもあって興味深かったです。

ハン そういえば、文学研究者の友人(木村朗子・津田塾大学教授)が新聞の文芸時評にその連載について言及したうえで「フェミニズムは現実の読み替えを必要としているのだからSFと相性がいいのも当然である」(『しんぶん赤旗』二〇二〇年一〇月二七日「文芸時評」より)って書いていて、なるほどって思ったんだけど、キム・ボラ監督の次の作品がＳＦっていうことにものすごく納得しました。

西森　そうですね。前にも言いましたが、日本のドラマでフェミニズムを描いたものも、幽霊や妖怪の世界とかＲＰＧの世界を使うことが多いんですよ。『妖怪シェアハウス』（テレビ朝日　二〇二〇年）と『伝説のお母さん』（ＮＨＫ　二〇二〇年）ってのがあって。

ハン　うん、それも同じですよね、たぶん。あと、現実の問題だと打開するのが難しいっていうことに加えて、批判されてしまったりするっていうこともあったりするから、ファンタジーやＳＦだと、企画が通りやすいっていうのもあったりしますか？

西森　そうですね。企画書には「これはフェミニズムの話なんです」とは書かずに、女性プロデューサーは、水面下でフェミニズム的な題材を着々と準備していると思うし、できあがったときも、結構コミカルにしているので、見る人にはフェミニズムとわかるけれど、そうでなければ気付かない。『逃げ恥』もそうでしたが。

ハン　なるほど。でも、そういうかたちじゃないと描けないのだとしたら、それはちょっとどうなんだって問題でもあると思いますけど。フェミニズムなんですよとか、現実のことだと言いづらいのだとしたら、ね。

西森　でも実は、日本ってドラマに関して言えば、フェミニズムを描いていても、さほど批判はないんですよ。それは、批判する人にまで届いてないからというのもあるかもしれないけど。わたしが今回すごく思ったのが、『はちどり』のキム・ボラ監督も、『キム・ジヨン』のキム・ドヨン監督も、男性の役柄、キャラクターを単純に悪者にしたくないとか、女性と同様に、構造の被害者であると言っていて。もちろん、それはわたしもわかっているんですけど、今の日本では、Twitterなどを見ていても、男性の問題は男性で解決するべきだという空気もかなり大きいんですよ。それと、クソな行動をする男はクソなんだっていうドラマも多くて。

ハン　実際の作品でそういうのある？

西森　結構ありますよ。二〇一五年の坂元裕二が脚本の『問題のあるレストラン』（フジテレビ）は、セクハラ上司がイモータン・ジョーばりの悪者でしたし、二〇一七年の宮藤官九郎の『監獄のお姫さま』（TBS）も、利己的な男性に苦しめられ犯罪者に仕立て上げられた「姫」を、キョンキョンたちが演じる、おばさんの受刑者たちが救う話でしたし、二〇一八年の『来る』というホラー映画も、男性の罪深さを描いていて、罪深い男性は呪い殺されました。この『来る』を見ていると『キム・ジヨン』を思い起こすって人は多かったですし、何というか、夫の実家で「嫁」がどういう扱いを受けるか、みたいなことが、もっとどぎつく嫌な感じで描かれてましたね。もちろん、ホラーという現実ではない世界の話なので、どぎつくできるんですけど。でも、わりと日本の映像作品は、構造の被害者ではあるけれど、女性を苦しめた男性は裁かれて当然だというものは多いんですよ。

ハン　なるほど。それで言うと、もしかすると韓国の方が大変なところもあるのかな。『キム・ジヨン』で不買運動が起きたりするわけで。

西森　そうですよね。だから、前にも、『彼女の名前は』で、「アイドルが愛嬌を求められる」ということに違和感を持ったりする敏感さがすごいって言いましたが、その逆の方向性にも敏感なんだなと。

ハン　特に若い男性の中で被害者意識がすごいから、メジャーで映画化するときには気を遣わないといけない部分もあったのかもしれないと思います。『キム・ジヨン』の本を持ってるだけでアイドルがバッシングされたりもしましたよね。

西森　Red Velvet のメンバーのアイリーンですよね。日本でも『キム・ジヨン』が翻訳されたのと同じくらいのときに『彼女は頭が悪いから』(姫野カオルコ著　文藝春秋)っていう小説が出たじゃないですか。

ハン　うん、それ、東大のやつね？

西森　はい。それを読んだら「男のミソジニー最悪過ぎる……」という感想になる作品なんですね。描かれている男性の罪深さのレベルが深すぎるのに、別に読んだからと言ってバッシングにあうということもない。もちろん、そこまで社会現象になっていないということもあるし、芸能人が読んだってこともなかったからなんですけど。あ、芸能人でいうと谷原章介が読んでちゃんとレビューしていましたけどね。それともうひとつ、さっきも言ったように、日本ではというか、まあアメリカとかでも、「男らしさ」による呪縛は、男性で考えてくださいっていうのがあって、そういうことを書く人も増えているわけじゃないですか。清田(隆之)くんにしても。

ハン　わたしの古くからの友人の尹雄大さんも最近、『さよなら、男社会』(亜紀書房)という本を出しました。いいことだと思うけど。

西森　やはり男性がこういうことを言うのも、韓国の方がもしかしたら難しいのかな、というのは感じるんですが。

ハン　詳しくないのであまり安易に言うことはできませんが、やっぱり徴兵制があることが大きいんじゃないかな、と思ったりします。

西森　だから男性の内省的な表現とかもあんまり……？

ハン　そうかもしれません。ただ、さっきの、『はちどり』のキム・ボラ監督の、男女ともに構造の被害者だという認識は、男性に気を遣っているというわけではないように思いますが。

西森　そうですね。日本ともアメリカとも違う構造の問題があると。

ハン　キム・ボラ監督にインタビューした際にそういう話もしましたが、男女という二項対立の問題ではなくジェンダーというひとつの構造があって、たとえば軍隊の問題とかも含めてやはり韓国社会が作り上げてきた構造に女性も男性も苦しめられてる、という認識なんだと思います。

西森　でもそういう風に考えると、『はちどり』は違うけど、『キム・ジヨン』の小説の方は、もっとふつうに男性の加害性をそのままに描いていたと思うんですよ。他の小説を読んでも、映画よりも直接的な批判があるじゃないですか？　それで、やっぱり小説がより個人的なところから出発しているということがすごく関係あるんだなって。日本ではそれが漫画なんですよね。漫画が個人的なところからスタートするものなので、女性の描き方も、女性の抱える問題も、リアリティのある、そしてまだ世間的に認知されない新たな問題に気付くことができるということは言われていて。

ハン　さっきも少し話したことだけど、やはり告発という意味では、男性個人というよりも、既得権益をもっている男性という属性が、そういう既得権益をもっているのだと告発するのは重要なことで、小説ではそういう効果を狙っていたし、それが成功したんだと思います。次にそれが映画化されるときに、今度はより広い大衆を相手に、じゃあ告発だけでいいのかとか、男性にも一緒にその先を考えてもらいたい、といったような、そういう変化はあったんだろうなと思います。

西森　そうなんです。だから、日本で何か原作ものが映画化されるときも、みんなが観て納得できるものにしましょう、みたいな改編がもちろんあるけれども、韓国でも小説から映画へ、っていう風に変えるときの観点があるんだなと。

ハン　そうですね。まあ、自主映画でもないわけだからね、『キム・ジヨン』は。ところでわたしも韓国映画を全部観ているわけじゃないから何とも言えない部分もあるんだけど、男性自身が男性性を批判したり否定するようなのって、やっぱり『お嬢さん』（二〇一六年）のパク・チャヌクだと思うのですが。

西森　そうでしたね。さっき出た宮藤官九郎の『監獄のお姫さま』も、わたしは『お嬢さん』を見たからこそできたんだと思うし、もっと言うと『いだてん』（ＮＨＫ　二〇一九年）でも、フェミニズム回があったんですけど、クドカンの変化は、『お嬢さん』があったからこそだと勝手に思っているので。『お嬢さん』は、自省する男性像を感じましたね。藤原伯爵も上月教明も自省していないけれど、自省しない男性像を描くことで、できた映画からはその視点が見える。女性が監督の映画のように、男性が小さき視点から見るという韓国映画は少ないんだけど、財閥や権力を告発するというタイプのものは、男性社会を批判するっていうことではないんですかね？

ハン　まあ、でもちょっとそういうこととは違うような気がします。こういう権力はいけないという批判であって、男性社会そのものの批判ではないし、自分の中のマスキュリニティ批判ではなおさらないんじゃないかな。さっきどこかで話した、主流が替わったことによる、大文字から大文字への批判だから。ベタに言ってしまうと、「悪い」男性と「良い」男性の話、って感じ。

西森　あ、そういうことなんですね。『インサイダーズ』も、宴席で女性を裸ではべらせて、悪い相談をしている男性と、田舎町の古びた家屋で焼酎でいっぱいやりながら、正義の話をしている男性の話で、それは確かに「悪い男性と良い男性」を分けて書いただけでしたね。

ハン　たとえば女性とか、ある意味多様性がないからそうなる、って話にはなっていないですよね。

西森　そうですね、確かに。

ハン　あ、直接的な男性性の否定とか批判というわけではないけれど、もうすぐ日本で公開される『野球少女』（二〇二〇年）という映画は、フェミニズムの流れが出てきたあとに男性監督が作った映画という意味で少し興味深かったです。プロ野球の世界を目指して性別のハンディを超えていこうとする女子選手の話なんだけど、コーチや幼なじみといった周囲の男性たちの彼女への視線がマッチョじゃなくてフラットで、新鮮でした。そういえば、今一番観たい作品なんだけど、コロナ禍のもと昨年公開され好評を博した『サムジングループ英語 TOEIC クラス』(原題、二〇二〇年)の監督も男性です。一九九五年の韓国の大企業を舞台に、高卒の女性社員たちが力を合わせて会社の不正を暴いていく話。実話ベースで、当時の女性の地位や韓国社会の状況をきちんと押さえつつ、ミステリーの要素もあるエンタメだと聞いていて、めっちゃ楽しみ。さっき『キム・ジヨン』の話できつさを感じたというようなことを言ってしまったけど、そういう意味では女性視点からの「ふり返り」が広がりを見せているとも言えて、まだまだできることはあるし、たくさん出てくればいいなと思っています。

西森 さっき、小説の方では、映画よりも男性が構造の被害者でもあり、同時に女性にとっては加害性であるという風に書いているという話をしましたよね。

ハン はい。

西森 それで、何度も話に出てきていますが、『キム・ジヨン』のチョ・ナムジュが書いた『彼女の名前は』(小山内園子、すんみ訳 筑摩書房)があるじゃないですか。

ハン わたし読んでないんだけど、良かった?

西森 すごくよかったです。短編集で、いろんな女性の話がつらなっていて、すごくしんどいことがたくさん書いてあるんだけど、しんどいことをしんどいままに書いてるというか。だから読むのもつらいし、希望もない感じなんだけど。『キム・ジヨン』ってジヨンがいろんな人の思いを憑依させていたじゃないですか?

ハン うん、いろんな世代の女性たちの。

西森 それで、映画版としては、ジヨンの希望を感じさせて終わるけれども、わたしはそれは個人が変われば周りも変わるという、ちょっと自己啓発的なものを感じたし、ジヨンが希望を見出せたのはよかったけれど、何となくそれを見て、わたし個人が希望をもてるかというと、もてなかったんですね。だって、まだまだ社会にはいろんな問題が残っているから。でも、逆に『彼女の名前は』で、まだまだ残っているつらい現実がいっぱい書かれていて、そのことの方が、希望を感じるっていう風に思ったというか。

ハン　うんうん。

西森　どんな人のつらい現実も見過ごさない、とりこぼさずに書くんだっていう意思みたいなものを感じたというか。単に希望のあるものを書かれるより、人のつらさの集合体を見て、何とかしていきたいねって気持ちになる方が希望だな、って思いましたね。

ハン　それ大事だよね。まず、わたしひとりではない、ということと、あと、それと同時に、女性の経験はひとつではないということ。女性といっても、いろんな女性がいる。まあ、『キム・ジヨン』っていうのはさ、その年に一番多かった名前を付けて、すごく平均的な像として描いて、いくつかの世代の、つまり「縦」の話を入れているんだけれど、『彼女の名前は』の場合は、「横」にもいろんな人がいるっていうことですよね？　特に最近、フェミニズムで問題となっているのは、まあ、わたしがえらそうに言っていいかわからないけど、たとえばトランス女性差別もそうだけど、女性と括った瞬間に女性の中の多様性みたいなものはわりと見過ごされがちで。だからインターセクショナリティ（交差性）が強調されるのですが、つまり、女性の中でも外国人の女性がいるとか、いろんな別のマイノリティ、そういうさまざまな要素が交差したものとして抑圧は経験されるから……。女性といってもいろいろな経験があるというのはとても正しいな、と思いますね。

西森　そうですね。

ハン　で、それが希望になるということ、いや、それが希望になると捉える人がいるというのは、何かいいかも。何かうれしい。

西森　うん、だから、この人はこういう風に解決しました、って見せられるよりは、いろんな人がまだこうなんですよ、って見せられる方がいいなってちょっと思っちゃったんですね。ほんとに、『彼女の名前は』こそ、『キム・ジヨン』の映画を観たあとにはものすごく必要なものだな、っていう気はしました。

ハン　なるほど。

西森　で、本当は別に、『彼女の名前は』って、短編の主人公がそれぞれ全員が知り合いってわけじゃないんですけど、何となく、それぞれが、どこかですれ違っていたり、知り合いだったり、友人や親子だったり、つながってる感覚があったし、こう、すれ違うときに、たとえば袖と袖が触れ合ったりしたときに、憑依じゃないけど、相手の痛みがつながって、一遍の本になる、みたいな映像イメージができあがったので、そういう感じでドラマ化してほしいんですよね。そして、そのときには、個々の痛みをそのまま映像できたらいいなと思いました。

ハン　そういう意味ではさ、『アン・ウニョン』も短編集ではないけど、いろんな人が出て来るじゃないですか、あれも。わりと多様性があって。しかも弱者集団というか。先生も生徒も、いろんな人がいる、みたい感じ。それがトレンドというわけではないかもしれないけど。『彼女の名前は』もドラマになったりするんじゃないかな？

西森　そうやっていろんな作品が出てくることも希望なんだと思いました。

ハン　そうですね。

（構成：西森路代）

あとがき　――まえがきへの返信のようなもの

ハン・トンヒョン

西森さんもまえがきで触れているように、ふたりで主に韓国映画やドラマについての「対談」をするようになったのは、二〇一四年からだ（当時はインタビューという形式だったが。本書P．三〇に収録）。ああいうかたちで映画について話したことがメディアに載るのは、わたしにとって初めての経験だった。西森さんに声をかけられて、本当にわたしでいいのかと何度も繰り返し聞きながら、かなり迷ったうえで引き受けた記憶がある。

映画の大学に勤めているから映画に詳しそうだと思われがちだが、わたしは映画を学んで教えているわけではなく、わたしが教えているのは社会学だ。名前がハン・トンヒョンだから韓国についてもよく知っているのだろうと思われがちだが、日本生まれ日本育ちで、歴史的社会的政治的な障壁（めんどくせー！）に阻まれほんの数年前まで韓国に自由に行くことすらかなわなかった（今も決して自由ではない）。韓国映画や、最近だとドラマも見る機会は少なくないし、音楽も前からそれなりに聞いてはいるが、それぞれ専門家や愛好家の層が厚いジャンルで、そのような方々の足もとにも及ばないし、そもそもわたしに何か特別な知識があるわけでもない。

　でも、確か試写会でばったり会ってお茶をしながらあれこれと感想を話していたとき（西森さんとは、その数年前からヘイトに辟易して今はおしゃべりをやめてしまったTwitterで趣味のK－POPについていろいろとやり取りをしたり、共通の友人もいてたまに会うこともある、という感じではあった）、西森さんはわたしの話を面白がり、そういう話をしてくれればいいからとわたしを口説いた。それから七年間、断続的な「おしゃべり」が続いてきたことになる。

　まえがきで西森さんは、「この本は、さほど社会に対して繊細ではない、ごくふつうの感覚の持ち主であった西森さんが、徐々に変わっていくのがいいんじゃないか」とわたしに言われてはっとしたと書いていた。こう冷静に書かれてしまうとずいぶん失礼なことを言ってしまったような気もするが、会っておしゃべりするたび、実際に何か新鮮な感動を覚えることは少なくなかった。

　西森さんが『チャンシルさんには福が多いね』について書いたエッセイ（本書P.一八四参照）を、「わたしには書けないけれど、よい文章だった」とほめたのもそうだ。西森さんはそのエッセイを、「わたしは、チャンシルさんのような、平凡な女性たちの、何も起こらないようでいて、大切なものが見えているような日常の物語を欲していたのだなと思う」という言葉で締めくくった。わたしは胸をギュッと締め付けられるような気持ちになった。

たぶんそれは、わたしが「平凡な女性たち」への共感に欠ける人間だからだ。在日コリアンという自分の社会的な属性、大学で教える研究者という職業的な立場、よくも悪くも、さまざまな意味でわたしはこの社会において「平凡な女性」とは言い難い。前述したわたしの言葉もだし、本書に収められた対談などからも、わたしの「上から目線」や「横から目線」が気になる人もいるかもしれない。

西森さんはいつも、このようなわたしの「上から目線」や「横から目線」を正面から受け止め、打ち返してくる。ときに「ふつうさ」は他者への抑圧の、「平凡さ」は自己の卑屈さの言い訳にもなるが、わたしの知る限り西森さんはそこから無縁で、ふつうさや平凡さを自己相対化し、自らのプライドや誇りにしているようにも見える(「チャンシルさん」のエッセイでわたしが胸を打たれたのはおそらくそこだ)。

わたしに対しても、名前や肩書による何かを過剰に期待することはない。もちろん、専門知に対するリスペクトはあるが、自分にはない面白い物の見方をする人としてふつうに扱ってくれる。いわゆる友達として特に仲がいいというわけでもないわたしたちが、映画やドラマの話だったら永遠にできそうな気がするのは、たぶんそういうことなんだろう。

　こうした態度は、前述したわたしの言葉にあったような「変化」とも関係していると思う。もちろん、資質や努力によるところもあってそれだけがすべてではないだろうが、わたしがこの七年間、西森さんを通じて西森さんの変化に重ねて見てきたものは、この社会でのフェミニズムの広がりでもあった。それは、「平凡な女性たち」がフェミニズムを手にして身体化することで、自らの主体性を獲得していくプロセスだ（まさに「チャンシルさん」についてのエッセイは、「自分の人生を生きる」ということがテーマだ）。

　だからこそ、わたしにとってはどこかちょっとよそよそしかったりなぜか引け目を感じるようなものでもあったけれど、でもこの間の西森さんとのおしゃべりをふり返ると、わたし自身が「平凡な女性たち」への共感に欠ける自分自身を相対化しつつ、「平凡な女性たち」に支持されたフェミニズムの意味を、体温のあるものとして実感するプロセスでもあったようにも思う。正面切って、「フェミニズムとは何か」なんて話は一度もしたことがないけれど。

　「良い会議」「悪い会議」の話も出てくるが、何か自分の意見を言うと否定されがちなのが、男性より女性であるというのは確かなことだろう。だから女性たち――わたしたちのおしゃべりは、そうした現状へのオルタナティブにもなったのかな、と思う。と同時に、韓国の映画やドラマについて触れることで、韓国や朝鮮半島の歴史や社会、日本との関係について知り、考えることはもちろん大事なのだけど、それ以上に今ここ――日本の映画やドラマ、日本社会そのものに立ち返り、問い直し、考える西森さんを何というか頼もしくも感じていた。西森さんのスタンスがつねにそこにあることも、永遠におしゃべりできそうな気がする理由のひとつだろう。

なお、本書で話してきたこと、取りあげた作品の背景として韓国社会の、特に最近の状況をもっと知りたいという方には、韓国在住の翻訳・編集者である伊東順子さんの『韓国　現地からの報告――セウォル号事件から文在寅政権まで』（二〇二〇年ちくま新書）、韓国の家族やジェンダーを専門とする社会学者、春木育美さんの『韓国社会の現在――超少子化、貧困・孤立化、デジタル化』（二〇二〇年　中公新書）をおすすめしたいです。

初出一覧

■ 社会学的視点で語る韓国映画の世界　（P. 30）
ORICON NEWS「韓国映画特集　2014 年上半期の韓国映画シーンと制作現場のウラ事情！ 社会学的に切り込む」2014 年 7 月 23 日
https://www.oricon.co.jp/special/1277/

■「アイドルを消費する」日本に、『マッドマックス』が投下したもの　（P. 42）
wezzy　（同タイトル）　2015 年 8 月 29 日
https://wezz-y.com/archives/22209

■ 恋愛関係でなくても男女は協力できる　「当たり前」を描いた『マッドマックス』が賞賛される皮肉　（P. 52）
wezzy　（同タイトル）2015 年 10 月 9 日
https://wezz-y.com/archives/23255

■「ファンタジー」としての勧善懲悪　誰でも楽しめる痛快アクション——映画『ベテラン』（2015 年）（P. 64）「ファンタジー」としての勧善懲悪　誰でも楽しめる痛快アクション　月刊『イオ』2016 年 2 月号

■ 韓国映画・ドラマの「正しさと面白さ」——不正義への目線、エンターテインメントが持つ力への信頼とその技量　（P. 80）
Yahoo! ニュース個人　（同タイトル）　2015 年 11 月 30 日
https://news.yahoo.co.jp/byline/hantonghyon/20151130-00051909/

■ 陶酔させ、誰も不快にしない「正しさ」の洗練——映画『お嬢さん』（P. 84）
wezzy　（同タイトル）　2017 年 4 月 1 日
https://wezz-y.com/archives/43866

■『鋼鉄の雨』は韓国版『シン・ゴジラ』か？　韓国映画に通底する〝未完の近代〟としての自画像　（P. 102）
Realsound 映画部　（同タイトル）2018 年 4 月 21 日
https://realsound.jp/movie/2018/04/post-182974.html

■ 韓国の音楽とアイデンティティ　（P. 110）
『STUDIO VOICE』（同タイトル）VOL.413　2018 年 9 月　「アジアから生まれる音楽」

■ 権力に切り込む韓国映画、権力を取り込む日本映画　（P. 118）
wezzy　（同タイトル）　2018 年 9 月 16 日
https://wezz-y.com/archives/57575

■ 自意識・実存から食うことへ　敵の見えない世の中を変えていくには…　（P. 140）
wezzy　（同タイトル）　2018 年 9 月 16 日
https://wezz-y.com/archives/58701

■ なぜ人は危険を冒してまで「報じる」必要があるのか　『タクシー運転手　約束は海を越えて』から考える　（P. 158）
Realsound 映画部　（なぜ人は危険を冒してまで「報じる」必要があるのか　『タクシー運転手』が大きな反響を呼んだ理由）　2018 年 11 月 2 日
https://realsound.jp/movie/2018/11/post-272143.html

■ 家族を疑わない『パラサイト　半地下の家族』が、逆説的に示唆する格差社会の厳しさと家族という宿痾　ハン・トンヒョン　（P. 166）
Yahoo! ニュース個人　（同タイトル）　2020 年 1 月 15 日
https://news.yahoo.co.jp/byline/hantonghyon/20200115-00158962/

■ ベタで俗っぽい音楽と地団駄、もしくはダンスが突きつける切実さ　『はちどり』と『スウィング・キッズ』をめぐる個人的な雑感　（P. 172）
『ユリイカ』（同タイトル）　2020 年 5 月号「韓国映画の最前線」

西森路代（ニシモリミチヨ）

1972年、愛媛県生まれのライター。大学卒業後は地元テレビ局に勤め、30歳で上京。東京では派遣社員や編集プロダクション勤務、ラジオディレクターなどを経てフリーランスに。香港、台湾、韓国、日本のエンターテインメントについて執筆している。数々のドラマ評などを執筆していた実績から、2016年から4年間、ギャラクシー賞の委員を務めた。著書に『K-POPがアジアを制覇する』（原書房）、共著に『女子会2.0』（NHK出版）など。

ハン・トンヒョン（韓東賢）

1968年、東京生まれ。日本映画大学准教授（社会学）。専門はネイションとエスニシティ、マイノリティ・マジョリティの関係やアイデンティティ、差別の問題など。主なフィールドは在日コリアンを中心とした日本の多文化状況。著書に『チマ・チョゴリ制服の民族誌（エスノグラフィ）』（双風舎，2006）、『ジェンダーとセクシュアリティで見る東アジア』（共著，勁草書房，2017）、『平成史【完全版】』（共著，河出書房新社，2019）など。

『韓国映画・ドラマ――わたしたちの
おしゃべりの記録2014～2020』

2021年3月10日　初刷発行

著　者　西森路代、ハン・トンヒョン
発行者　井上弘治
発行所　駒草出版　株式会社ダンク　出版事業部
〒110-0016　東京都台東区台東1-7-1
邦洋秋葉原ビル2F
TEL 03-3834-9087　FAX 03-3834-4508
https://www.komakusa-pub.jp/

ブックデザイン　佐々木 俊
印刷・製本　シナノ印刷株式会社

2021 Printed in Japan　ISBN978-4-909646-37-8
落丁・乱丁本はお取り替えいたします。
定価はカバーに表示してあります。